GAME OF THRONES

ゲーム・オブ・スローンズ

～ウェスタロスとその向こうへ～

コンプリート・シリーズ 公式ブック

GAME OF THRONES

ゲーム・オブ・スローンズ

～ウェスタロスとその向こうへ～

コンプリート・シリーズ 公式ブック

マイルズ・マクナット［著］

酒井昭伸［訳］堺 三保［監修］

早川書房

日本語版翻訳権独占 早川書房
© 2019 Hayakawa Publishing, Inc.

WWW.HBO.COM

GAME OF THRONES
A GUIDE TO WESTEROS AND BEYOND
THE COMPLETE SERIES
by Myles McNutt
Copyright © 2019 by Home Box Office, Inc.
All rights reserved.
HBO and related trademarks are the property of Home Box Office, Inc.
No part of this book may be reproduced in any form
without written permission from the publisher.
Translated by
Akinobu Sakai
Japanese edition supervised by
Mitsuyasu Sakai
First published in English by
Chronicle Books LLC, San Francisco, California
First published 2019 in Japan by
Hayakawa Publishing, Inc.
This book is published in Japan by
arrangement with
Chronicle Books LLC
through The English Agency (Japan) Ltd.

Game of Thrones series photographs by
Principal Unit Photographer, Helen Sloan.
Additional photography by Unit Photographers Macall Polay,
Keith Bernstein, Nick Briggs, Neil Davidson,
Paul Schiraldi and Nick Wall.

Illustrations on pp.2, 6-7, 92-93, 117, 122-123, 138-139, 204, 220-221,
250-251, 258-259, 266-267 by Daniel Martin Diaz

装幀　早川書房デザイン室

目次

第一部　南部とエッソス	7
南部とエッソス：はじめに	8
事象観測儀〈アストロラーベ〉	11
ロバートの反乱	12
ロバート・バラシオン	15
〈鉄の玉座〉	16
統治の"正当性"	17
キングズ・ランディング	18
ラニスター家 再会	20
サーセイ・ラニスター	23
飲んだワインのグラス数　サーセイ 対 ティリオン	26
グレガー・クレゲイン	28
ジョフリー・バラシオン	30
トメン・バラシオン	33
ウェスタロスの絆　サーセイとジェイミー	35
予言の力	37
ジェイミー・ラニスター	38
ウェスタロスの絆　ブライエニーとジェイミー	44
『熊と美女』	46
タイウィン・ラニスター	48
『キャスタミアの雨〈レイン〉』	50
スタニス・バラシオン	53
メリサンドル	54
信仰の腐敗	56
〈雀聖下〈ハイ・スパロー〉〉	58
ロラス・タイレル	60
マージェリー・タイレル	63
オレナ・タイレル	64
ウェスタロスの女たち	66
階級闘争	68
エラリアと〈砂蛇〈サンドスネーク〉〉たち	70
ドーン	72
オベリン・マーテル	74
ウェスタロスの男たち	77
権力の拠点	78
王冠の変遷	81
〈王の手〉	82
ティリオン・ラニスター	84
ウェスタロスの絆　ティリオン、ブロン、ポドリック	89
ブラックウォーターの戦い	92

ウェスタロスの絆 デナーリスとティリオン	94		ロブ・スターク	200
デナーリス・ターガリエン	97		ウェスタロスの絆 タリサとロブ	202
ターガリエン家 再興	103		大 狼（ダイアウルフ）	204
デナーリスの旅路	106		ウィンターフェル城のあるじたち	206
〈ドラゴン湾〉	108		リコン・スターク	210
ヴィセーリス・ターガリエン	111		シオン・グレイジョイ	212
族長（カール）ドロゴ	112		ウェスタロスの絆 ヤーラとシオン	214
ヴァエス・ドスラク	114		ベイロンとユーロン グレイジョイ兄弟	216
ドラゴン	116		ラムジーとルース ボルトン父子	218
エッソスの戦士たち	120		〈落とし子の戦い〉	220
ミーリーン攻囲	122		ウェスタロスの息子たち	222
オールドタウン、ブレーヴォス	124		ウェスタロスの父親たち	223
ジョラー・モーモント	127		サンダー・クレゲイン	224
灰 鱗病（グレイスケール）	129		ベリック・ドンダリオンとミアのソロス	227
ウェスタロスの絆 ミッサンデイと〈灰色の蛆虫（グレイ・ワーム）〉	131		北部の宗教	228
〈ハーピーの息子たち〉	133		フレイ家	230
ヴァリス	134		タースのブライエニー	232
ウェスタロス帰還後のデナーリスの戦い	136		リアナ・モーモント	235
戦利品運搬車列襲撃	138		ウェスタロスを守る者たち	236
ウェスタロスとエッソスの武器	142		ドラゴングラス	238
ウェスタロスの絆 デナーリスとジョン・スノウ	144		ウェスタロスの絆 〈冥夜の守人（ナイツ・ウォッチ）〉の兄弟（ブラザー）たち	240
			ジオー・モーモント	241
第二部 北部と〈壁〉の向こう	146		メイスター・エイモン	243
北部と〈壁〉の向こう：はじめに	149		学匠（メイスター）の学鎖	244
北部	150		サムウェル・ターリー	246
ネッド・スターク	152		ウェスタロスの絆 ジリとサム	249
ジョン・スノウ	154		〈壁〉	250
ジョン・スノウの真の両親	158		〈壁〉の向こう	252
ダヴォス・シーワース	161		ウェスタロスの絆 イグリットとジョン	255
サンサ・スターク	162		野人	256
ウェスタロスの絆 サンサとリトルフィンガー	167		黒 の 城（カースル・ブラック）	258
鉄 諸島（くろがね）と谷間（ヴェイル）	168		〈巨 人 殺 し（ジャイアンツベイン）〉のトアマンド	263
リトルフィンガーのウェスタロスにおける旅路	170		マンス・レイダー	264
ピーター・ベイリッシュ	173		堅牢な家（ハードホーム）	266
ブラン・スターク	174		〈夜の王（ナイト・キング）〉	269
ホーダー	179		死者の軍団	271
ミーラとジョジェン リード姉弟	181		系図 バラシオン家	272
アリア・スターク	182		系図 ラニスター家	273
ウェスタロスの絆 アリア、ホット・パイ、ジェンドリー	187		系図 ターガリエン家	274
アリアの旅路	188		系図 スターク家	275
ウェスタロスの次代を担う者たち	190		結婚 シーズンごと	276
スターク家 再結集	193		戦い シーズンごと	279
リヴァーラン城、ハレンの巨城、双子城（ホール／ツインズ）	196		葬儀 シーズンごと	280
キャトリン・スターク	199			

PART I THE
SOUTH
AND
ESSOS

第一部　南部とエッソス

南部とエッソス

はじめに

> 「いっておくがな、
> 王位を勝ちとろうと
> していたときほど、
> おれが生き生きして
> いたことはなく、
> 王位を手に入れた
> いまほど生気が
> なくなったこともない」
>
> ロバート・バラシオン

『ゲーム・オブ・スローンズ』の世界では、絶対的権力はない。異なる勢力同士が、ウェスタロスを統べる〈鉄の玉座〉をわがものにせんと、つねにしのぎを削っている。物語の開始時点で玉座についているのはロバート・バラシオンだが、〈狭い海〉の向こうではターガリエン王朝の遺児たちが〝王位簒奪者〞から玉座を奪回しようと雌伏しており、ロバート王の宮廷でもラニスター家がロバートから王位を奪おうと画策している。

〈鉄の玉座〉をめぐる激烈な戦いはウェスタロス全土に波及し、各大貴族は権力の座につこうとする過程でさまざまな決断をする。ただし、その決断はしばしば意図せざる深刻な結果を招く。デナーリス・ターガリエンは本来自分のものである玉座を〈炎と血〉で取りもどすことを誓うが、エッソスからウェスタロスに帰還する戦いにおいて、たびたび甚大な人的損失をこうむる。ラニスター家は物語の大半を通じて〈鉄の玉座〉にありつづけるが、それと引き替えに一族は著しい損失をこうむり、ついにはその権力で守るべきものを失う。しかも、ウェスタロス大陸全土に戦火を拡充させた結果、おおぜいの命ばかりか、各家そのものをも存亡の危機にさらしてしまうのだ。この状況においてもっとも残酷かつ皮肉な点は、戦乱と権力闘争に明け暮れるあまり、権力者が未曾有の危機に——〈夜の王〉が〈壁〉の向こうで力を増し、現代の人間が経験したことのない奇怪な軍勢を糾合しつつある事態に——気づかなかったことである。

〈夜の王〉と〈白き魔物〉の襲来は、サーセイ・ラニスターとデナーリス・ターガリエン双方にとって、指導力を試される究極の試練となった。ふたりが直面するのは、〈鉄の玉座〉をめぐって両者が戦ってきた相手よりもはるかに大きな脅威なのである。大敵との戦いで北部が滅びることを願うサーセイをよそに、デナーリスは重大な決断を余儀なくされる。ジョン・スノウの警告を重視し、北部に乗りこんで王土を守るか、南部に乗りこみ、〈炎と血〉でもってサーセイから〈鉄の玉座〉を奪いとるかだ。最終的に、デナーリスは王土守護を選び、北部へ赴く。だが、デナーリスにとって真の試練が訪れるのは、ウィンターフェル城攻防の戦塵が収まり、死者の軍団が退けられたときだった。究極の敵が行く手から排除されたいま、つぎにどう動くべきか。〈夜の王〉がゲームの盤面から消えたこのとき、デナーリス・ターガリエンが〈鉄の玉座〉につくうえで行く手に立ちふさがる存在は、もはやサーセイしかいない。デナーリスは、目的を果たすために失ったすべてのものの重みに胸を痛めながらキングズ・ランディングに到達し、〈鉄の玉座〉を求める。そこでデナーリスが思い知ったのは、自分が父やサーセイ、その他多くの先人たちとは異なる道を歩めないという事実だった。玉座と引き替えに、デナーリスはみずからの評判を地に堕とさざるをえなくなる。〈鉄の玉座〉が王を腐敗させる力は相手を選ばない。最後には融かされて無に帰したとはいえ、それが招いた犠牲はあまりにも大きかった。〈鉄の玉座〉を求めて命を賭けた者たちはみな、それぞれの生き方と生を失ってしまったのである。

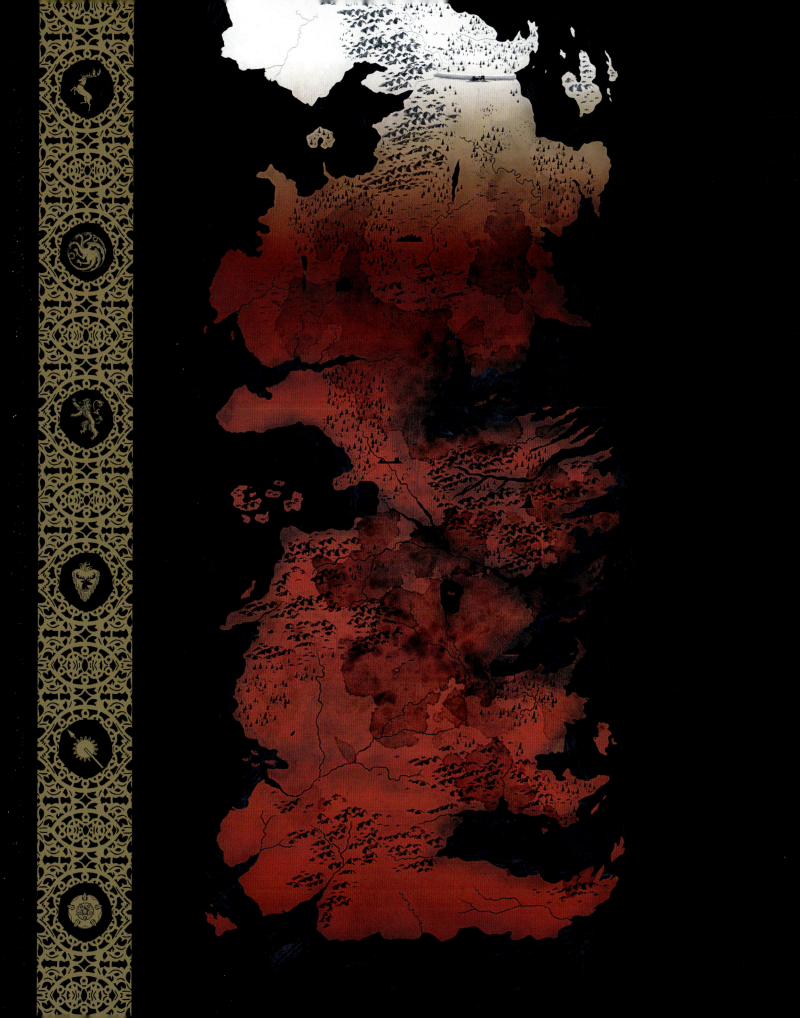

事象観測儀
アストロラーベ

　サムが〈知識の城〉の巨大図書館に入ったさい、はじめて目にしたのは、調べものをする学匠たちの頭上高くにかかる大きな事象観測儀だった。まばゆい中央の核を中心に、太陽の図象のように多数の金属の刃で縁どられたこの器具は、さまざまな意匠を刻印された四本の回転する金属環で囲まれている。まばゆく光る中核は、ウェスタロスの歴史を表示させ、歴代の王や女王の興隆と没落を表わすことができる。左ページの事象観測儀は、ドラマのオープニングに登場するもので、各意匠が表わす地の状況を拡大して表示する。最終シーズンではオープニングの変更に合わせて、新たな事象観測儀が登場し、これまでの経緯に応じた状況を表示した。

ロバートの反乱

　ロバートの反乱は、波乱多きウェスタロスの歴史において、近年でひときわ重大な事件のひとつだ。長年にわたって王朝を維持してきたターガリエン家が、劣化するいっぽうの指導力、悲劇的な恋愛、混乱に満ちた政策により、〈鉄の玉座〉を追われたのである。記録上は、狂王エイリス・ターガリエンからロバート・バラシオンへの王権委譲で片づけられているが、実態ははるかに複雑であり、それが〈五王の戦い〉勃発の土壌となる。

レイガー・ターガリエンによるリアナ・スタークの〝誘拐〟

　ロバートの反乱の前、レイガー太子はエリア・マーテルと結婚しており、ロバート・バラシオンはリアナ・スタークと婚約していた。ところが、レイガーがリアナに好意を見せはじめたことが醜聞化し、レイガーがリアナの意に反して彼女を誘拐、ドーンへ連れ去ったと目されたことから、スターク家とバラシオン家に忠実な者たち同士の大騒動に発展。しかるべき裁定を求める声がエイリス王に向けられた。

　しかし、ネッド・スタークの兄ブランドンと父リカードが王都キングズ・ランディングで目のあたりにしたものは、狂気の度合いを深めゆくエイリス王の姿だった。ターガリエンの血筋に多く見られるように、その狂気をささやかれて久しいエイリス王だが、ここにおいて、いまだ露わにしたことのない暴力性を見せる。王都に到着したばかりのブランドンとリカードを公開処刑してしまったのである。この事件は、世の風向きを変える決定的な転回点となり、ターガリエン家の支配に対する反乱の気運を醸成することになる。

ロバート対レイガー

　反乱が最高潮に達したころ、ロバート・バラシオンは三叉鉾河(トライデント)の戦いでレイガーに一騎討ちを挑み、宝石をちりばめた甲冑(かっちゅう)を打ち砕いて若き太子を打ち倒した。以後、ロバートは反乱軍の顔となり、ついには玉座に上る。

　レイガーの戦死(いくさ)後、戦の潮目は変わり、王都キングズ・ランディングは陥落した。狂王エイリスの〈王の楯〉(キングズガード)の一員であるジェイミーが狂王を弑逆するいっぽうで、父タイウィン率いるラニスター勢が王都になだれこんだのである。ジェイミーの裏切りは、王都を滅ぼそうとしたエイリス王の凶行を防ぐための苦肉の行為であったが、王都攻囲戦は太子妃エリア・マーテルと子供たちの無惨な死をも招き、何年ものちのち、エリアの兄であるオベリンは、この悪行に対する裁きを求めることになる。いっぽう、エイリスに対するタイウィンの裏切りによって、バラシオン家とラニスター家のあいだに不安定な同盟関係が成立し、それはロバートとサーセイの結婚という形で実を結ぶ。だが、時を経て、ふたりの関係は破綻にいたる。

　王都で夫が死んだことを知った王妃レイラ・ターガリエンは、ドラゴンストーン島とその城へ逃げこみ、そこで王女デナーリスを産んだのち、産褥(さんじょく)で死亡する。やがてロバートの弟スタニスがドラゴンストーン城を攻囲、城の所有権を主張するが、その時点で、デナーリスと兄ヴィセーリスはひそかに島を脱出し、〈狭い海〉(ナロー・シー)を越えて東の大陸エッソスに渡っていた。かくして、ターガリエンの血筋の存続とのちの再興は、もはやふたりしかいない遺児に託されることになる。

13

ROBERT BARATHEON
ロバート・バラシオン

　ロバート・バラシオンについては、反乱時の武勇伝で知られる姿と、ウィンターフェル城を訪れたさいの、戦斧を戦場で振るうはおろか、満足に持ちあげることもできない酔っぱらいの姿とのあいだに大きな隔たりがある。物語を通じて浮かびあがるのは、一見、好人物だが、たびたび馬上槍試合を催して王土の富を浪費し、王都のおおぜいの女に非嫡出子を産ませ、王妃サーセイ・ラニスターと疎遠になった男の姿だ。バラシオンの家系に生まれる子は例外なく黒髪なのに対し、自分の子供が例外なく金髪である事実にも、彼はついに気づくことがない。贅沢と放蕩の日々に明け暮れるのは、数多い欲望を満たすためという面もあるが、ほんとうに望んでいた婚約者リアナ・スタークとの暮らしが、始まりもしないうちに終わっていた事実を埋め合わせるためでもあった。

　反乱のさなかにリアナが死んでさえいなければ、ロバートはもっと立派な王になっていたかもしれない。その失政の根本的原因はリアナの死にある。ロバートが玉座に対して正義を正す訴えを起こし、反乱にまでいたったのは、婚約者リアナがレイガー・ターガリエンに攫われたと思いこんでいたからだ。ドーンの〈喜びの塔〉でリアナが死んだあとでさえ、ロバートはサーセイに対し、リアナを愛さずにはいられないと認めている。ロバートはリアナとの暮らしを前提に人生の構想を描いていた。だが、その構想は実現せず、かわりにサーセイと政略結婚させられ、ウェスタロスの統治を背負いこむはめになる──生涯をかけて尽くしたかった女がかたわらにいないまま。

　ロバートが狩猟行に出ているあいだ、つねにワインを王に勧めるように──サーセイは従弟の従士ランセルにそう指示を出す。その結果、酩酊状態にあったロバートは、猪に遭遇したときに対応が鈍り、致命傷を負ってしまう。ロバートの放埒さを利用して、サーセイは王の事故死を企んだのである。臨終の床で、ロバートは王国と子供たちに対して犯した数々の過ちを悔いるが、もはや取り返しはつかない。ロバートは誉れ高い王でも傑出した統治者でもなく、その死がもたらしたものは政治の混乱──すなわち、ラニスター家とネッド・スタークとの権力闘争だけだった。その結果、ネッドは処刑され、玉座の継承をめぐって〈五王の戦い〉が勃発する。

　ロバートの死で哀れむべきことがあるとすれば、真実をなにも知らずに死んだことだろう。ロバートが求愛した女性、すなわちネッドの妹リアナは別の男を愛しており、その男の息子を産んでいた。その子をネッドはひそかに引きとり、自分の庶子として養育する。また、ロバートは嫡子と信じて疑わない三人の子供たちの成長を見られないことを悔やみながら死んだが、その三人の中にロバートの子はひとりもいなかった。ロバート・バラシオンは、自分が統治しようとした国のことをすこしも理解しておらず、自分がウェスタロスにどれほど混乱の種をまいてきたかにも気づいていなかったのである。

〈鉄の玉座〉

「最強のドラゴンの炎が
〈鉄の玉座〉をつくった。(中略)
敗れた者たちの剣が、
千本の剣が融けていった。
そう、まるでロウソクのように」
ヴィセーリス・ターガリエン

エイゴン一世（エイゴン・ターガリエン）は、
ウェスタロスの七王国のうち六国を征服して
治下に置き、残る一国ドーンとも
婚姻を通じて同盟関係を結んだのち、
〈鉄の玉座〉の製作を命じた。

〈鉄の玉座〉を構成する剣の数々は、
エイゴン一世が七王国征服の過程で
降伏の証に差しだされた
一千本の剣を象徴するものである。

差しだされた剣は、エイゴン一世のドラゴン、
バレリオンの炎の息吹で融かされ、
玉座の形に成型された。最終的に、この玉座は
デナーリスのドラゴン、ドロゴンによって
破壊され、剣ごと融かされて、ウェスタロスの
男女の心に君臨していた存在は永遠に消滅する。

統治の〝正当性〟

〈五王の戦い〉の核心にはひとつの根本的な問題がある。ウェスタロスを支配する正当な権利はだれにあるのか、だ。

ジョフリー・バラシオンは、殺されたロバート・バラシオン王の嫡男として生得の権利を主張する。スタニス・バラシオンは長兄ロバートに次ぐ弟として、ロバートの〝嫡子〟に当人の血を引く者はいないと訴え、ジョフリーの権利を否定して継承権を主張する。ロバートの末弟レンリー・バラシオンは、次兄スタニスよりも自分のほうが王位にはふさわしいと主張する。いっぽう〈北の王〉ロブは、父ネッドの死後、臣従する北部諸公を率いてラニスター家に反乱を起こす。さらに、鉄諸島の盟主ベイロン・グレイジョイは、王位を求める正当な権利がないにもかかわらず、戦乱に乗じ、いまこそ玉座をわがものにする好機と標榜して、土地簒奪に動きだす。

以上の五人は、全員が権力を求めている。ベイロンを除いて、それぞれに異なる継承理由を申し立てているが、どの主張も他者のものより〝正当性が高い〟わけではなく、充分な支持を集め、適切な判断を下さないかぎり、ウェスタロスの王としては君臨しがたい。だが、支持と判断力に恵まれた者はひとりもおらず、五人が五人とも、味方に裏切られるか、敵に暗殺されるか、戦に破れるかして命を落とす。この五人がすべて死んだとき、ウェスタロスを統べる正当な権利という概念は消滅し、デナーリス・ターガリエンや、本来ならば統治者の地位につけるはずのないサーセイ・ラニスターが、新たな権力への道を歩みはじめるのである。

サーセイ・ラニスターは本来、ロバートの死後、その政治権力を受け継げる立場にはなかった。王位継承権は、サーセイよりもふた

りの息子とひとりの娘のほうが上であり、たとえサーセイに順番がまわってきたとしても、血統のほかの者に受け継がれるべきはずのものだった。しかし、サーセイはそんな立場に甘んじることを拒み、最初はふたりの息子を通じて王国をわがものとし、最後にはベイラー大聖堂を破壊させてマージェリー王妃を死なしめ、それが原因でわが子である王が自殺した結果、自分自身が戴冠する方向で動きだす。サーセイは自分の権力がみずからの力で獲得したものであり、その権力にふさわしい人間であると信じている。そして、長年、傍流に立たされていた憤懣をこめて、ウィンターフェル城の戦いののちにデナーリスが申し出てきた和平交渉をも拒絶する。自分が王座につくに足ることを証明しようと汲々としてきたサーセイは、けっして権力を手放すことがない──たとえみずからの破滅を招くことになろうとも。

いっぽう、物語が始まった時点で、デナーリスは〈狭い海〉の向こうで怯えている無垢な少女だった。彼女は自分が〈鉄の玉座〉につく正当な血統の者であると信じてはいる。だが、けっして生得の権利に安住せず、〈奴隷商人湾〉を解放する過程で、指導者としての天賦の才を開花させていく。ウェスタロスに帰還するころには、女王となるのに必要な資質と覚悟を備えていたが、ほどなく、それだけでは不充分なことに気づいた。ウィンターフェル城の戦いのさなかと戦後において、彼女は他勢力の忠誠を得ることにも新たな同盟関係を結ぶことにも失敗し、懸命の努力にもかかわらず、同盟者はつぎつぎと他の指導者になびいてしまうのだ。

そんななか、デナーリスに忠誠を誓った人物のひとりがジョン・スノウである。サーセ

イやデナーリスとちがって、彼は〈鉄の玉座〉に興味がない。自分自身に指導者としての天分があることには気づいていたものの、〈冥夜の守人〉の一員でいるうちは、ウェスタロスの政治力学から独立していざるをえなかった。〈守人〉を離れたあとは、おおぜいが自分を〈北の王〉に推していることを知る。かつての太子、レイガー・ターガリエンの息子であり、〈鉄の玉座〉の正当な継承者であることが知れわたってからは、その指導力を求める声はいっそう強まった。にもかかわらず、ジョンがデナーリスへの臣従を守りとおしたのは、名誉と愛情からでもあったろうし、ウェスタロスを統治することに興味がなかったからでもあっただろう。

最終的に、デナーリスが死んだのち、ティリオン・ラニスターはウェスタロスの諸公と諸女公に対し、だれが玉座につくべきかを問いかける。もはや〝正当な〟統治の権利を持つ者がいない以上、だれかを選出しなければならない。問いかけに応えて声をあげたのは、エドミュア・タリーだった。だが、年功的にもっとも王にふさわしいという彼の主張は即座に否定された。サーセイ、デナーリス、ジョンの例から、指導力というものには、生得の権利、人気、権力への欲求以上のものが必要であることを、諸公たちは身に染みて知っていたのである。結局、優れた統治には、絶妙のバランス感覚と、全員をひとつにまとめる能力が必要との認識から、もっとも指導者に向いていると結論されたのは、〈壊れたブラン〉だった。不自由王ブランは前任者たちの行動からさまざまな教訓を得たばかりでなく、過去を見通すことができる。したがって、暴力や過去の過ちを回避し、ウェスタロスをよりよい未来へ導くことができるだろう。

キングズ・ランディング

赤の王城 (レッド・キープ)
アンダル人および〈最初の人々〉の王または女王、七王国の守護者の居城であるこの城は、王都でもっとも高い赤石の丘の上に築かれ、〈鉄の玉座〉を擁する。城閣の内壁の裏や床下には秘密の通路が複雑に張りめぐらされており、その秘密が漏れないよう、城の建設に携わった者たちは処刑された。デナーリス・ターガリエンが王城の大半を破壊したとき、サーセイとジェイミーはこの秘密の通路から脱出しようとして死亡した。

The Narrow Sea

キングズ・ランディングは七王国全体の王都である。ウェスタロスの東岸に位置するこの都市は、征服王エイゴン一世（ターガリエン）が初めて降り立った地を都として創立したもの。ロバートの反乱でターガリエン家の統治に終止符が打たれてのち、〈鉄の玉座〉を狙う各勢力の襲撃を何度か受けており、王都の人心は休まることがない。

KING'S LANDING

Blackwater Bay

ベイラー大聖堂 (グレート・セプト)
ターガリエン王朝のベイラー一世王にちなんで命名されたこの大聖堂は、七王国で支配的な宗教〈七神正教〉の信仰の中心であった。サーセイによって鬼火（ワイルドファイア）で破壊されるまでは、王都内のどこからでも見える偉容を誇り、内部には七柱の神像——〈老婆〉、〈慈母〉、〈厳父〉、〈乙女〉、〈鍛冶〉、〈戦士〉、〈異客〉を象った神像がそびえ、さまざまな意匠の七芒星が飾られていた。

ふたつの丘
王都にあるふたつの丘は、エイゴン一世のふたりの姉妹にちなんで名づけられたもの。〈ヴィセーニアの丘〉と〈レイニスの丘〉という。

〈蚤の溜まり場〉
〈蚤の溜まり場〉はキングズ・ランディングの最貧民街。ダヴォス・シーワースやジェンドリーのような男たちが生き抜くすべを学び、アリア・スタークが父ネッドを処刑されたのち、〈王都の守人〉から身を隠した場所でもある。〈蚤の溜まり場〉の住人たちは不潔に暮らし、王都の特権階級に不満をかこっているが、マージェリー・タイレルが孤児院を訪ね、食べものをふるまい、孤児たちと遊んでからは、彼女を慕うようになった。

〈竜舎〉(ドラゴンピット)
サーセイ、デナーリス、ジョン間の休戦協議は、ドラゴンたちの収容施設として築かれた〈竜舎〉の廃墟で行なわれた。廃墟化したのは、ターガリエン家の内紛で二派閥が争った〈双竜の舞踏〉において破壊されたためで、いまではキングズ・ランディングにおけるターガリエン家の治世を思い起こさせるよすがとなっている。物語の終盤、要人が集まった会議で、ティリオンがウェスタロスの将来を描いてみせたのもここである。

ラニスター家
再会

　この物語における他の大貴族家の者たちが、状況により、ときに当事者の意に反して離合集散するのに対し、ラニスター家の者たちは独特の理由で離散する。ティリオンがジョフリー殺害の冤罪で死刑を宣告された裏には、姉サーセイおよび父タイウィンとのあいだにわだかまる長年の確執があった。ジョフリーが死ぬ前から、ティリオンとサーセイのあいだにはひとかけらの愛情も残っていなかったが、愛する息子の毒殺はティリオンの仕業だとサーセイが思いこんだのを機に、ティリオンに対する憎悪は一段と深まる。自分の双子の姉サーセイと弟ティリオンとのあいだで板ばさみになってきたジェイミーは、ティリオンを独房から逃がしたものの、その直後に善意を裏切られたと感じるはめになる。あろうことか、逃亡の過程でティリオンがタイウィンを殺していったのだ。自分に賞金をかけた姉と、弟を逃がしたことを悔やむ兄を残し、ティリオンはおたずね者となってエッソスへ渡る。結局のところ、ラニスター家を離散させたのは、ラニスター家自体にほかならない。

　何年ものちに、一族はウェスタロスの命運を担う状況で再会する。ティリオンには年長の双子と会う必要があった。デナーリスたちが〈白き魔物〉との戦いに集中できるよう、休戦を仲介するためだ。とはいえ、顔を合わせたとたん、サーセイがその場でティリオンを殺そうとすることは充分に予想がつく。その点はジェイミーも変わらない。それでもティリオンは、ジェイミーとひそかに会い、父親を殺すにいたった自分の憎しみを吐露しながら、ウェスタロスを滅ぼしかねない魔物との戦争という、より大きな懸念を訴える。ラニスター家の者たちは、それぞれの収まるべき場所に完全に収まってはいない。だが、長生きをしようと思えば、過去と折り合いをつけるほかなかった。

　ティリオンとサーセイの再会は、全シリーズ中、最大の波乱のひとつだ。ジェイミーとともに画策した休戦協定が失敗におわったあと、ティリオンは命を賭し、自分の首に賞金をかけた姉と単独で話しあうことをデナーリスに申し出る。ティリオンの試練はサーセイの部屋に足を踏み入れられるかどうか、サーセイの試練はティリオンを生きて帰せるかどうかにあった。ふたりの会話は、長く別れているあいだに、ティリオンに対するサーセイの憎悪がどれほど深まっていたかを浮き彫りにする。それでもティリオンは、赦すことを知らぬ姉、復讐に燃える姉とのやりとりで払わねばならない犠牲をも顧みず、懸命の交渉で協力を取りつける。

　かくしてラニスター家の姉弟は、表面上は和解したかに見えた。だが、水面下のわだかまりが解けたわけではない。サーセイは表向き、死者の軍団との戦いに軍勢を差し向けるふりを装ったものの、本心ではその約束を守るつもりなどなかった。それは一族に新たな亀裂を生む。ここにおいて、ジェイミーは姉に見切りをつけ、ティリオンとともに戦うべく、北部へ向かうのである。しかし、〈大いなる戦い〉ののち、デナーリスの軍勢がキングズ・ランディング侵攻の準備をはじめるや、ジェイミーはふたたびサーセイにつくことを選ぶ。デナーリスが赤の王城(レッド・キープ)を破壊したのち、ティリオンは隠し通路を通って姉と兄を探しにいく。やがて見つけたのは、瓦礫に埋もれたふたりの死体だった。ここにおいてティリオンは、姉兄との最後の再会を果たしたのだ。ふたりの死によって、もはやラニスターの名前は、ティリオンひとりだけが背負っていくことになる。

「鎧はわたしが着るべきね。そしてあなたはドレスを」

サーセイ・ラニスター

Cersei
Lannister

サーセイ・ラニスター

　同時代のどの人物にも劣らぬ野望と聡明さを持っているにもかかわらず、サーセイ・ラニスターは屈辱的な人生を送ってきた。それはひとえに、自分では変えようがないもののせい──性別のせいだ。女であるサーセイは、婚姻を通じてしか権力と地位を手に入れられない。ラニスターの名をずっと名乗りつづけることはできないし、父タイウィンが娘にキャスタリーの磐城を継がせるつもりもないことも明らかだ。

　サーセイがロバート・バラシオンと政略結婚させられたのもそのためだった。そこにはウェスタロスにおけるラニスター家の権力を盤石のものにしたいとのタイウィンの意志が働いていた。その権力は、けっしてサーセイがふるえるものではない。サーセイに期待されているのは、世継ぎを生み、一族を補助的に支える役割だけなのである。しかしサーセイは、そのような立場に甘んじることを拒否し、才覚を通じて裏から権力者を操ろうと画策する。ロバートの死後、長男ジョフリーの王としての立場を固めたサーセイは、首尾よく子供たちと自分の前から障害を排除し、摂政太后としてウェスタロスを支配するかに見えた。

　ところが、ジョフリーが王になるや、サーセイの父タイウィンと彼が代表する父権社会は、摂政太后としてのサーセイの影響力を抑制しにかかる。さらに、タイウィンがマージェリー・タイレルをジョフリーの妃に迎える手配をしたことにより、サーセイはますます権力の座から遠ざけられ、しかもマージェリーがサーセイにはけっしてなしえなかった形で民衆の人気を博したことにより、ますます疎外感を募らせる。その後もサーセイは"脇役"の立場に甘んじることを余儀なくされた。ジョフリーの結婚式で息子が毒殺される場面を目のあたりにしたときも、マージェリーを次男トメンの婚約者にされてしまったときもだ。長男を失い、次男に対する影響力で奪われて怒ったサーセイは、タイウィンの死後、〈雀聖下〉と〈七神正教〉の民兵に権力を与える。表向きは王家の信心を示すためだったが、その目的はロラスとマージェリー兄妹を逮捕させ、邪魔者を排除することにあった。ただし、サーセイは父親の容赦のなさを受け継いではいたものの、深謀遠慮を受け継いではいなかった。ためにサーセイの策略はしっぺ返しを食らい、〈正教〉の民兵から罪を咎められ、逮捕されたうえ、贖罪としてキングズ・ランディングの往来を全裸で歩かされるはめになる。

　贖罪の道行きはサーセイを根本的に変えてしまう。それまで行動の根底にあったのは、制約だらけの立場の不当性に対する憤りだった。だが、以後はいかなる犠牲をもいとわず権力を掌握する方針を固め、苛烈な復讐に踏みきる。なんと、ベイラー大聖堂での審判に応じるかわりに、鬼火（ワイルドファイア）で大聖堂を破壊してしまったのである──中にいる罪もない何百人もの人間もろともに。そのなかにはマージェリーも含まれていた。しかもサーセイは、マージェリーが死ねば現王トメンが著しく動揺することを承知でこの凶行におよんだ。すでに王女ミアセラはラニスター家への報復として殺されていたので、この時点で残っているサーセイの子供はトメンのみ。そしてそのトメンも、大聖堂の火の手が収まったとき、赤の王城（レッド・キープ）の高

「戦って死ぬか、
服従して死ぬかよ。
答えは決まっている」

サーセイ・ラニスター

Cersei of House Lannister, First of Her Name, Queen of the Andals and the First Men, Protector of the Seven Kingdoms, summons the rebel and bastard Jon Snow to King's Landing, to bend the knee to his rightful Queen or suffer the fate of all traitors.

みから身を投げる。その後、〈鉄の玉座〉にはサーセイが収まるものの、この時点で、彼女は家族の大半を失ってしまったことになる。

デナーリス・ターガリエンがはじめてキングズ・ランディングを訪れ、〈竜舎(ドラゴンピット)〉での頂上会談に臨んだ時点で、事実上、サーセイの治世は終わるが、当人はそれに気づいていない。自分を権力から遠ざける障害を徹底的に取り除いた彼女は、統治の委譲を拒否し、あまつさえ、〈夜の王(ナイト・キング)〉との戦いに軍勢を提供するとの約束をも破る。それが原因で、双子の弟ジェイミーとの関係にもひびが入った。

ウィンターフェル城の戦いののち、デナーリスはキングズ・ランディングに戻ってきて王都を破壊する。そのさいジェイミーはサーセイを探しだし、彼女と腹の中の子供を救おうとした。自分が女王となるために失ったものの大きさをサーセイが悟ったのはこのときである。崩れ落ちる赤の王城(レッド・キープ)に押しつぶされるまぎわ、サーセイの心からは玉座をめぐるゲーム(ゲーム・オブ・スローンズ)のことが消えていた。彼女は生き延びたかったのだ。しかし、この素朴な思いは、彼女が玉座につくと決意した段階で、すでに達せられないことが決まっていた。

ティリオン

サーセイ

シーズン　　　I　　　　　　II　　　　　　III　　　　　　IV

飲んだワインのグラス数
サーセイ 対 ティリオン

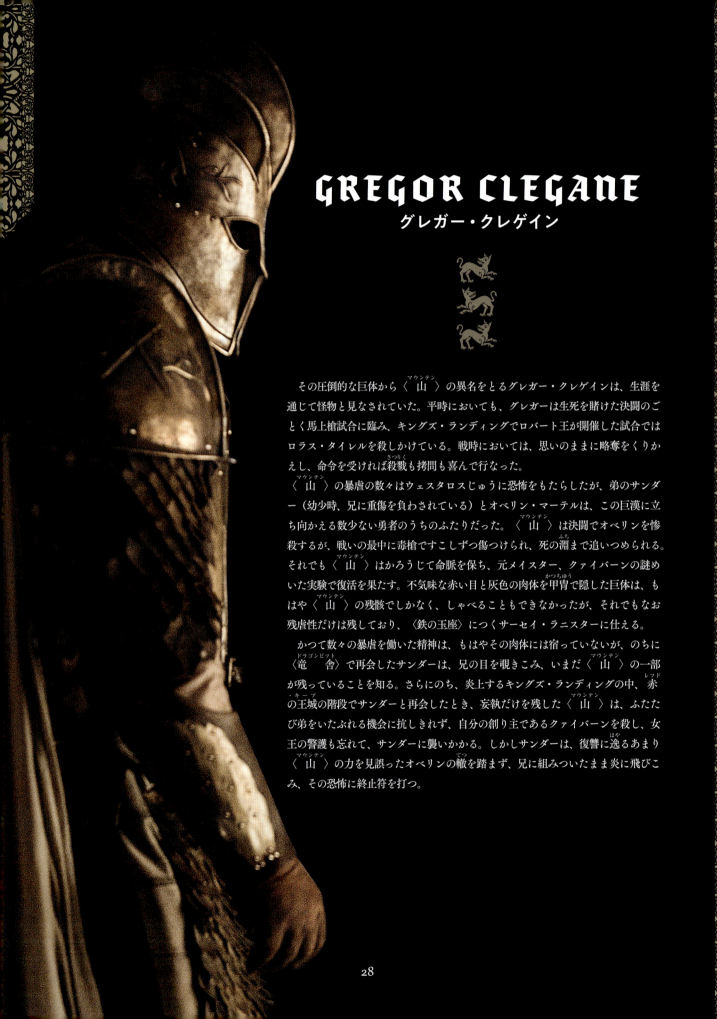

GREGOR CLEGANE
グレガー・クレゲイン

　その圧倒的な巨体から〈山〉の異名をとるグレガー・クレゲインは、生涯を通じて怪物と見なされていた。平時においても、グレガーは生死を賭けた決闘のごとく馬上槍試合に臨み、キングズ・ランディングでロバート王が開催した試合ではロラス・タイレルを殺しかけている。戦時においては、思いのままに略奪をくりかえし、命令を受ければ殺戮も拷問も喜んで行なった。
　〈山〉の暴虐の数々はウェスタロスじゅうに恐怖をもたらしたが、弟のサンダー（幼少時、兄に重傷を負わされている）とオベリン・マーテルは、この巨漢に立ち向かえる数少ない勇者のうちのふたりだった。〈山〉は決闘でオベリンを惨殺するが、戦いの最中に毒槍ですこしずつ傷つけられ、死の淵まで追いつめられる。それでも〈山〉はかろうじて命脈を保ち、元メイスター、クァイバーンの謎めいた実験で復活を果たす。不気味な赤い目と灰色の肉体を甲冑で隠した巨体は、もはや〈山〉の残骸でしかなく、しゃべることもできなかったが、それでもなお残虐性だけは残しており、〈鉄の玉座〉につくサーセイ・ラニスターに仕える。
　かつて数々の暴虐を働いた精神は、もはやその肉体には宿っていないが、のちに〈竜舎〉で再会したサンダーは、兄の目を覗きこみ、いまだ〈山〉の一部が残っていることを知る。さらにのち、炎上するキングズ・ランディングの中、赤の王城の階段でサンダーと再会したとき、妄執だけを残した〈山〉は、ふたたび弟をいたぶれる機会に抗しきれず、自分の創り主であるクァイバーンを殺し、女王の警護も忘れて、サンダーに襲いかかる。しかしサンダーは、復讐に逸るあまり〈山〉の力を見誤ったオベリンの轍を踏まず、兄に組みついたまま炎に飛びこみ、その恐怖に終止符を打つ。

JOFFREY BARATHEON
ジョフリー・バラシオン

権力は腐敗するというが、ジョフリー・バラシオンは玉座につく前から横暴だった。若き王子としてウィンターフェル城を訪れたさい、"塔から落ちて"怪我をしたブラン・スタークにも、その母キャトリンやスターク家の者たちにも、いっさい配慮を見せていない。自分さえよければいい人間だからである。さんざん甘やかされ、王子としての特権意識が肥大して育った結果だった。

だれにも叱られず、わがままをすべて通して育ってきたジョフリーが、ロバート・バラシオンの死後に王位を襲ったとき、外交的駆け引きにまったく関心を払わなかったことも意外ではない。〈五王の戦い〉の勃発は、全面戦争を避けるため、母サーセイがネッド・スタークと取引をしようとしたにもかかわらず、ジョフリーがネッドの首を刎ねさせたことに起因する。また、一族の覇権を盤石のものにするには、結婚を通じた同盟強化が欠かせないが、ジョフリーが最初の婚約者サンサ・スタークにした仕打ちははなはだしい悪評を生み、この悪評がジョフリーを破滅に導くことになる。サンサの代わりとしてマージェリー・タイレルが新たな婚約者に迎えられたさい、悪評を懸念したマージェリーの祖母オレナとピーター・ベイリッシュの共謀により、マージェリーとの結婚式において、ジョフリーは毒殺されてしまうのである。

臣民に憎まれ、廷臣たちの恨みも買っていただけに、ジョフリーの死を悲しむ者はウェスタロスのどこにもいなかった。ジョフリーは傲慢な少年であり、まわりの者にはいっさい敬意を払わず、敬意を払われることもなかった。だが、ラニスター家にしてみれば、ジョフリーの死は大いなる悲劇の始まりだった。サーセイとジェイミーの長男である彼の死を皮切りに、両人の子供たち三人はいずれも死を迎え、サーセイはラニスター家の権力を維持するため、際限ない戦いの泥沼にはまりこんでしまう。

TOMMEN BARATHEON

トメン・バラシオン

　善良で心やさしいトメンは、まさか自分が王になるとは予想だにしていなかった。王位の第一継承者は兄のジョフリーだ。トメンがぬくぬくと育った平時においては、よもや"父"と兄が非業の最期をとげるなど、想像の外(ほか)だったのである。だが、ジョフリーの死後、王冠の重みはトメンに著しい負担を強いる。物心つくよりも先に王位につけられたのがトメンなのである。

　戴冠したトメンにはなんの裁量権もなかった。当初は母サーセイと祖父の言いなりであり、マージェリーとの結婚後は、母と新妻のあいだで板ばさみとなった。トメンにも思うところはあったが、それはきわめて個人的なものだった。ところが、サーセイとマージェリーが〈雀聖下〉と〈正教〉の民兵に脅かされるや、王として最初の決断を下す。王妃マージェリーの望みにしたがって、王の権威と宗教的権威の融和を図る。さほど信心深くはなかったものの、トメンは〈正教〉を、自分の統治権を確立させ、母から自立するための手段と見たのである。

　悲劇的なことに、トメンの王として最初の決断は最後の決断となった。〈雀聖下〉の野望の大きさと自分なりの正義を通そうとするサーセイの意志の強さを、トメンは見誤っていたのだ。トメンは母が審判を受けるものと思っており、よもや審判を避けるため、〈雀聖下〉(ハイ・スパロー)、マージェリー、他の何百人もの人々もろともにベイラー大聖堂(グレート・セプト)を破壊するとは夢想だにしていなかった。サーセイはトメンを天守から出さないようにする。が、心に深い傷を負ったトメンは、思い描いていた生のすべてが炎上し、空疎な王冠しか残されていないのを悟って、王冠だけをあとに残し、天守の高みから身を投げる。

33

「本性を知りながら、
それでも おまえは
サーセイを愛してたんだ」

ティリオン・ラニスター

ウェスタロスの絆

サーセイとジェイミー

物語開始の時点で、ラニスターの双子の姉弟、ジェイミーとサーセイは、長年にわたって禁断の関係にあった。この関係は、ふたりが若いころに始まり、両人を引き裂こうとするさまざまな障害によっても終わることがなく、ジェイミーの〈王の楯(キングズガード)〉時代にもつづいていた。注目すべきは、サーセイがロバート・バラシオン王と結婚していたときもこの関係はつづいており、この間にジェイミーとのあいだにできた三人の子供をロバートの子として押し通したことだ。ロバートの死後、ウェスタロスに戦乱が荒れ狂いだすと、ふたりの立場は劇的に変化し、禁断の関係は根底から揺さぶられる。

サーセイとジェイミーの関係は絶対に知られてはならない秘密であり、双子は徹底的に秘匿しようとする。ブラン・スタークを塔から突き落としたのもそのためだ。ネッド・スターク公がジョフリーの命で斬首されたのも、元はといえば、ふたりの秘密に近づきすぎたからだった。この関係を維持しようとして、ふたりは波乱含みの選択を重ね、その結果、ジェイミーは捕われの身になり、それを機に、依存し合っていたふたりはそれぞれの道を歩みださざるをえなくなる。ブライエニーとともにキングズ・ランディングへもどる途中、ジェイミーは剣を持つ利き手を失い、存在意義も自信も失うが、それと引き替えに名誉の意識を取りもどし、おのれのなんたるかを見つめなおす。いっぽう、ジェイミーがいないあいだに、サーセイは専横の限りを尽くし、ますます無慈悲になっていく。

こうして、サーセイとジェイミーが再会を果たしたときには、おたがい、知っている人物ではなくなっていた。ジェイミーはサーセイに対するかつての献身に疑念をいだき、サーセイの強引な覇道を公然と批判する。サーセイはサーセイでジェイミーの忠誠心に疑いを抱きはじめる。ふたりの緊張は、ジョフリーばかりか残るふたりの子供も死んでしまうこと、双子を取りまく環境が激変したことでも高まっていく。顧みれば、オベリン・マーテルが〈山(マウンテン)〉に殺されたのも、ティリオンが拘留されて死刑を宣告されたのも、サーセイがジョフリー毒殺の責めをティリオンに負わせようとしたからだった。ジェイミーはサーセイの説得を試みるが聞きいれられず、ティリオンを逃がすことを決意する。が、これは姉の意志に真っ向から反する行為だった。のちに、エラリアと〈砂蛇(サンド・スネーク)〉たちがミアセラを毒殺したのは、オベリンの復讐のためであり、その結果、ジェイミーとサーセイの子供はトメンひとりだけになってしまう。さらに、サーセイはトメンの妃ごとベイラー大聖堂(グレート・セプト)を破壊し、結果的にトメンの自殺を招く。サーセイは最終的に〈鉄の玉座〉につくが、それは子供たち全員の犠牲と、ジェイミーとの関係希薄化という代償の上に成りたったものだった。

サーセイが女王として君臨し、ラニスター家が権力を掌握したのち、

サーセイとジェイミーの関係はありのままの形で見えるようになる。もはや関係を隠す必要がなくなったがために、まったく新たな視点でたがいを見つめられるようになったのだ。王家がデナーリス・ターガリエンとの戦いの準備を進めているあいだも、ジェイミーは姉に仕え、オレナ・タイレルに服毒させ、サーセイを勝たせるべく、馬を駆ってドロゴンのあぎとの中へ飛びこもうとさえする。だが、〈白き魔物(ホワイト・ウォーカー)〉との戦いに備え、ジェイミーが他勢力と同盟を結ぶべく奔走している最中に、サーセイが同盟を破棄させようとしていることが明らかになり、ジェイミーはついに離反のやむなきにいたる。そのうえサーセイは、ジェイミーに隠れてユーロン・グレイジョイと共謀していた。王権をふりかざすサーセイは、相手がだれであれ、たとえジェイミーであれ、裏切ることも辞さないのだ。

ウィンターフェル城の戦いに生き残り、タースのブライエニーとロマンスを花開かせかけたジェイミーは、姉から解放された新たな暮らしをかいま見る。しかしそこへ、懐妊しているサーセイがデナーリスとそのドラゴンから玉座を守るつもりとの報が届き、ジェイミーは姉を助けるため王都へ駆けることを決意する。玉座を得るべく強引な手を尽くしてきたサーセイだが、そうと知りつつ、ジェイミーは万難を排して姉のそばにいたいことに気づいていた。

ユーロンとの戦いののち、ジェイミーは赤の王城(レッド・キープ)内に絶望しきったサーセイを発見し、姉を力づける。世界でふたりに残されたものは、もはやたがいへの愛情のみ。ふたりが抱きあって死ぬ姿は、せつない終焉(しゅうえん)のそのときまで、つねに呪縛であるとともに祝福でもありつづけた、ふたりの愛を象徴するものだ。

予言の力

デナーリスとサーセイでもっとも似通った部分は、ふたりが部分的に予言の力によって動かされている点だろう。意識的にせよ無意識的にせよ、ふたりがいまの形の人生を歩むことになったのは、過去にかいま見た予言の影響が大きい。ふたりとも、より高次の力が自分たちの行く末を司っていると思いこんで動く。

サーセイは幼少時に、占い師の〈妖婆(メイギー)〉から、ロバート王の不貞と三人の子供たちの死を予言される。デナーリスはクァースの〈不死者の館〉で、降りしきる雪の中で破壊される赤の王城(レッド・キープ)、〈壁〉の向こうへの旅の幻視を見る。そしてどちらの場合も、これらの予言は現実のものとなる。サーセイの子供たちはみな死ぬし、デナーリスは〈壁〉の向こうへ旅をし、赤の王城で白雪のごとき灰が降る中、つかのまながら〈鉄の玉座〉につく。

物語で描かれる予言は以上のものばかりではない。〈光の王(ロード・オブ・ライト)〉の予言にある〈約束されたプリンス〉もそのひとつだ。メリサンドレは、最初はスタニスが、つぎにジョンがそのプリンスではないかと思っていた。だが、ミッサンデイが予言の翻訳を訂正し、死者の軍団に対する戦いで潮目を変えるのは女でもある可能性が示唆された。それはすなわち、この予言を実現させるのがデナーリスである

可能性を示している。メリサンドレはさらに、初対面のアリア・スタークに対しても、〝茶色の目、青い目、緑の目——多くの目を永遠に閉じさせる〟と予言する。事実、ウィンターフェル城の戦いにおいて、アリアは〝約束されたプリンセス〟として予言を実現させ、混沌のなかで突入路を切り開いて〈夜の王(ナイト・キング)〉を殺し、死者の軍団を崩壊に追いこむ。ただし、サーセイやデナーリスとちがって、アリアが予言に影響されることはない。戦いの前夜、メリサンドレに予言を思いださせられるが、その予言の実行がアリアの主たる動機になることはなかった。死者の軍団を打ち破るうえでの役割は、アリアがみずから選んだものであり、聖なる運命を果たすようあらかじめ予定されていたものではない。

予言の力は、未来をいかに決定するかではなく、予言の影に生きる者の行動原理をどのように形作るかにある。約束された未来の重圧のもとで生きる指導者たちにとって、その約束は、予言された未来を避けようと努めるか、その未来を見すえるかの選択において影響をおよぼす。はたしてサーセイとデナーリスは、与えられた予言がなければ、異なる道を歩んだろうか。この疑問に答えが得られることはない。ただし、よい方向にであれ悪い方向にであれ、それぞれの予言がふたりの物語を形作ったことはたしかだ。

Jaime
Lannister

ジェイミー・ラニスター

　ジェイミー・ラニスターは生涯を名誉と忠誠に賭けた男である。若い時分にはふたつの大義に身命を捧げた。ひとつはターガリエン王朝の"狂王"エイリスを守る〈王の楯〉の一員となり、誓約の剣として王家を守ること。もうひとつは双子の姉サーセイに心を捧げることだ。姉との関係は深く、のちに王となるロバートの王子二名、および王女一名は、すべてふたりの子供である。このような倫理にもとる行為と、自身の名誉や倫理観とは相克を生み、〈五王の戦い〉が勃発するにおよんで、ジェイミーを支えていたものはすべて剝ぎ取られる危険にさらされる。

ジェイミーは大きく倫理にもとる数々の選択を行なうが、それは彼なりの名誉と忠誠心にそぐうものだった。誓約を破ってエイリス王を殺したとき、だれもがジェイミーを〈王殺し〉と呼んだ。しかし彼の行為は、じつはキングズ・ランディングの民を救うためのものだったことがのちに判明する。狂えるエイリス王は、ジェイミーに父タイウィン殺害を命じ、王都を焼きつくさせようとしたのである。もっとも許されざる行為のひとつは、ウィンターフェル城の塔の高みからブラン・スタークを突き落としたことだろう。しかしこの凶行も、一族を守りたい一心からの行ないにほかならない。

　スターク家の虜になったジェイミーは、キャトリン・スタークにより解放される。その条件は、名誉にかけてスターク家の娘たちの安全を確保することだった。が、約束と引き替えに解放されたジェイミーは、名誉しか残されていない状態でキングズ・ランディングに帰りつく。旅の途中でボルトン勢に利き手を切断され、自信と存在意義を完全に失ってしまったのである。優れた剣士としての矜持をなくしたジェイミーには、もはや状況に応じて的確な決断を下すことにしか自尊心を保つすべがない。その決断のひとつは、捕われていたブライエニーを救いだし、スターク家の捕虜としてキャトリンと交わした約束を果たすために生きぬくことだった。

　ブライエニーとの関係は、サーセイへの揺るがぬ献身で強いられてきた罪悪感を雪ぐための、贖罪の道のようにも見える。物語の大半において、ジェイミーはサーセイの仮借なき権力への邁進にかかわらず、そばに控えつづける。サーセイが長年の確執に憎悪をかきたてられ、弟のティリオンをジョフリー殺しの犯人に仕立てあげたときも、ジェイミーは姉に再考をうながすが、たちまち言いくるめられている。さらに、サーセイが復讐と権力掌握のため、何百人もの無辜の民ごとベイラー大聖堂を破壊したさいには、その残酷さに愕然としつつも、結局はサーセイの意志にしたがってしまう。

　そんなジェイミーがとうとう独自の道を歩みだすのは、サーセイが〈夜の王〉との戦いでデナーリスとその同盟軍を支援するとの約

40

束を反故にしたときのことだった。サーセイの決定は、ジェイミーの名誉心と決定的に相いれないものだ。ゆえに、ジェイミーは北部へ向かい、タースのブライエニーや残るスターク家の者らと肩をならべて王国を守るために戦い、デナーリスに忠誠を誓い、過去の自分の行動の責任を取り、敬意と愛情をこめてブライエニーを騎士に叙する。

しかし、ウィンターフェル城の戦いののち、ジェイミーが選んだのは、サーセイに対する尽きせぬ愛情と忠誠心だった。姉に対する想いは、名誉と武勇、過去の罪を償いたい気持ち、ブライエニーとの関係を凌駕していたのである。サーセイの命を救いたい一心で、ジェイミーはキングズ・ランディングに帰還する。だが、結局、守りきることはできず、自分の姉を、自分の恋人を、自分の女王をかばって死んでいく。それは物語が始まった当初からジェイミーが命を賭けていた複雑な価値を体現する、献身的な行ないだった。

「長年、おおぜいが
斬りかかってきたが、
かすりもしない。
おかげで鎧は傷知らずだ」

ジェイミー・ラニスター

ウェスタロスの絆

ブライエニーとジェイミー

ジェイミーとブライエニーは、当初は反目しあう関係にあった。ブライエニーが最初にキャトリン・スタークから受けた任務は、スターク家の捕虜となったのち解放されたジェイミーをキングズ・ランディングまで護送し、アリアとサンサをぶじに連れ帰ることだった。首尾よく目的を果たすには、両者が協力しあうことがいちばんだが、辛辣な揶揄を口にするジェイミーと生まじめなブライエニーとは反りが合わず、険悪な旅がつづき、ふたりの不仲はジェイミーが隙をついて逃げようとしたさいの戦いで最高潮に達する。だが、ボルトン家の兵士の一団に捕われたのを機に、両者の反目は解消され、より大いなる善行のため、立場の違いを超えて、忠誠心の共通基盤を築くことになる。

ボルトン家に忠実な兵士ロックがジェイミーとブライエニーを人質にとったとき、ふたりの立場の差は鮮明になった。ジェイミーは価値ある人質だが、ブライエニーにはなんの価値もない。だが、ブライエニーの身が危うくなったとき、ジェイミーは彼女の父親が裕福だとうそをつき、命を救う。ジェイミーの不幸は、過信によってロックを怒らせ、利き手を斬り落とされてしまったことだった。ジェイミーの名を〈王の楯〉キングズガードで高からしめていた剣技の冴えは一瞬にして失われ、自尊心は打ち砕かれる。そんなジェイミーを、初対面時にさんざん侮辱され、その後も確執があったにもかかわらず力づけ、まだ生きねばならない理由があると説得したのは、ほかならぬブライエニーである。

この悲惨な境遇において、ふたりは自分たちに共通するものがいかに多いかに気づく。やがてハレンの巨城ホールに着いたとき、ジェイミーはブライエニーがレンリー・バラシオンを守りきれなかったことを指摘しながらも、最後には自分が誓約を破って狂王を殺した理由を打ち明ける。長らく任務の重みと戦ってきたふたりは、いままで自分の立場を理解してくれる人間に会ったことがなかった。それぞれが属する陣営は異なっても、ふたりが戦っているのは同じ種類の戦いであり、それはふたりが諍いを収めることではじめて明らかになったことだった。

キングズ・ランディングに着いた時点で、ブライエニーとジェイミーのあいだには相互への敬意が醸成されていた。ジェイミーから授かった剣に、ブライエニーは〈誓約を守るもの〉オウスキーパーと名づける。それは数々の困難を乗りきったうえでの相互理解に基づき、混沌に満ちた戦乱をそれぞれに生きぬいて、果たすべき責任を果たし、守るべきものを守ることの象徴だった。リヴァーラン城で再会したさい、

ブライエニーはサンサの、ジェイミーはサーセイの代行という対等の立場から、そこにいたるまでの長い旅路を語り合っている。

〈白き魔物〉ホワイト・ウォーカーと戦うため、のちに王都でジョンとデナーリスがラニスター家に休戦を申し出たとき、ジョンとしてはデナーリスに忠誠を誓うと主張せざるをえず、会談は決裂する。だが、その陰で、ブライエニーはジェイミーに話しかけ、たとえ戦場では敵対する指導者につこうとも、自分たちは名誉と敬意へのより強い誓約で結ばれていることを告げる。のちにジェイミーは、生まれてはじめてサーセイから離反するが、その裏にはブライエニーのことばがあった。ウィンターフェル城に着き、ジェイミーがデナーリスに疑われたときも、ブライエニーは彼の行動に偽りはないことを保証し、彼と肩をならべて〈夜の王〉ナイト・キングと戦うことに賛同する。

ウィンターフェル城の戦いを目前にして、ジェイミーはブライエニーへの敬意を伝え、彼女の悲願に応えてウェスタロスの騎士に叙任する。戦いに勝利したのち、たがいへの敬意は愛情へと発展した。だが、このロマンスは短命に終わる。ジェイミーはサーセイへの愛情と忠誠心ゆえに、自分がブライエニーの想像するとおりの人間にはなれないと気づいてしまうのだ。最終的に、ジェイミーは姉と再会するため騎馬で去り、ブライエニーは仇敵であり、仲間であり、恋人でもあった人物との別れを悲しむことになる。だが、深い失意にもかかわらず、のちに〈王の楯〉の総帥となったブライエニーは、ジェイミーを名誉ある人物として讃え、彼の物語を〈白の書〉に書き記す――ウェスタロスに自分の居場所を確保してくれた男の長い旅路を、先々の世代がしっかりと理解できるように。

「〝戦士〟の名において──
勇猛であれ。
〝厳父〟の名において──
公正であれ。
〝慈母〟の名において──
無垢な者たちを守れ。
立て、タースのブライエニー、
七王国の騎士よ」

ジェイミー・ラニスター

"THE BEAR AND THE MAIDEN FAIR"
『熊と美女』

　　物語中、はじめて『熊と美女』が歌われたのは、ジェイミーとブライエニーがボルトン家のロックたちに捕まったときのことだった。これはウェスタロスの伝統的な宴の歌で、〝麗しのブライエニー〟がハレンの巨城にて熊と戦わされ、ジェイミーに助けられるまぎわまで、ロックの兵士たちが歌っていた。

一頭の熊がいた。熊だ、熊だ！
茶色で黒くて毛むくじゃら！
若者三人、山羊一頭と、ともに踊るよ一頭の熊！
舞い踊りながら、訪うは乙女！
ああ、なんて愛らしく、なんて清らかで麗しい！
蜂蜜つけたる乙女の髪！
香りはまるで夏の風！
蜂蜜つけたる乙女の髪！

そこから、ここへ。ここから！　そこへ！
茶色で黒くて毛むくじゃら！
娘の髪からただよってくる、香りはまるで夏の風！
熊だ！　熊だ！
麗しの乙女！

そうよ、わたしは乙女、とても清らかで麗しい！
踊らないわよ、あなたは熊でしょ！
お呼びしたのは騎士さまなのに、やってきたのは
　　ただの熊！
茶色で黒くて毛むくじゃら！

熊は乙女を持ちあげた、高く高く、空中に！
嗅いでは吠えて、また嗅ぐ、そこで！
暴れて泣きだす美貌の乙女！
それは熊が舐めたせい、蜂蜜つけた髪の毛を！

そこから、ここへ。ここから！　そこへ！
茶色で黒くて毛むくじゃら！
娘の香りは夏の風！
熊だ！　熊だ！
麗しの乙女！

そして熊だ、熊だ！
麗しの乙女！
そして熊だ、熊だ！

吐息をついた娘は叫び、足ばたつかせる、空中で！
そして歌を歌いだす、熊さん、熊さん、麗しの！
熊と娘は動きだす、ふたりを包むは夏の風！
熊だ、熊だ
そして麗しの乙女！

そこから、ここへ。ここから！　そこへ！
茶色で黒くて毛むくじゃら！
娘の香りは夏の風！
熊だ！　熊だ！
麗しの乙女！

そして熊だ、熊だ！
麗しの乙女！
そして熊だ、熊だ！
麗しの乙女！
そして熊だ、熊だ！

TYWIN LANNISTER
タイウィン・ラニスター

　ウェスタロスでもっとも富裕な人間のひとり、タイウィン・ラニスターは、ロバートの反乱時にエイリス王を裏切り、キングズ・ランディング攻囲を指揮したことで政治権力を得た。ロバートの死後、ラニスター家が〈鉄の玉座〉を掌握したのち、タイウィンは暴虐の極み〈辱められた婚儀〉を共謀し、それによってスターク家に対するラニスター家の優位をいっそう強固なものにする。タイウィンの行為を軸に、ウェスタロスの政治情勢は大きく変化するが、それは彼の強い権力志向に巻きこまれた自分の子供たちとの関係を犠牲にして得られたものだった。

　タイウィンがサーセイをロバート・バラシオンと婚約させたのは一族の権力を強化するためであり、このことはタイウィンの政治における計算高さを示している。ロバートが死亡し、サーセイの子ジョフリーが王位についてからも、タイウィンはサーセイにいっさいの権力を与えようとせず、自分が〈王の手〉となることで〈鉄の玉座〉への影響力を維持しようとした。

　幾度もの戦いを経て政治的同盟を構築し、スターク家に捕まったジェイミーの身柄を安全に確保したのち、タイウィンは息子に対し、長らく従事してきた〈王の楯〉の地位を捨て、キャスタリーの磐城の城主に収まるようにうながす。ジェイミーがこの申し出を拒否すると、タイウィンはいったんジェイミーを勘当したうえで、いうことをきかねばティリオンの命はないと脅迫し、強引に承諾させる。

　タイウィンはつねに、末息子のティリオンにきつくあたった。ブラックウォーターの戦いでティリオンの戦略が勝利を招いたことも認めようとせず、ジョフリー毒殺の犯人ではないと知っていながら審判にかけさせ、ティリオンの元恋人シェイに指示して不利な証言をさせている。このように、タイウィンがティリオンを支えるどころか、あからさまに疎外するのは、ティリオン出生時に愛妃が死んだことに起因する。

　死亡時のタイウィンには、三人の子供全員が反抗していた。サーセイはロラスと結婚させられるくらいならジェイミーとの関係を明るみに出すと揺さぶりをかけていたし、ジェイミーは死刑を宣告されたティリオンを逃がす。とくにティリオンは、犯してもいない罪で処刑されかけたこと、生まれてこのかたずっと不当な仕打ちを受けてきたことを恨み、ついにタイウィンを弩弓で殺してしまう。タイウィンの死によって、三人の子供はその圧倒的な影響力から解放された。だが、以後も三人は、タイウィンの行動がもたらした残酷な教訓を背負いつづけることになる。

48

"The Rains of Castamere"
『キャスタミアの雨』

『キャスタミアの雨』という題名は地口で、レイン家(Reyne)に雨をひっかけ、なぜタイウィン・ラニスターが同家を滅ぼすにいたったかをつづる歌である。ロジャー・レイン公はタイウィンの父タイトス・ラニスターに反旗を翻し、その報復としてタイウィンに滅ぼされた。これはラニスター家にとって一種の讃歌であり、タイウィンかその子らに無礼を働いたとき、どのような目に遭うかを、ウェスタロスじゅうに知らしめることになった。

そして誇り高き城主は問うた、わしに低頭させるとは、貴公の爪に劣らずな。
貴公はいったい何様か、かく宣いしは、かく宣いしは、
たかだかわしとは毛色のみ　キャスタミア城の城主どの、◆◆
それしかちがわぬ猫ではないか。されどいま、城主の城の廃墟には、哀しく雨音のみ響く、
貴公は金色、わしは赤、◆　　だれも聞く者住まぬまま。
獅子ともなれば爪はあろうが、そしていま、城主の城の廃墟には、哀しく雨音のみ響く、
わが爪も長く鋭いぞ、　　　　だれも聞く者おらぬまま。◆◆◆

- ◆　ラニスター家もレイン家も、紋章に獅子の意匠を用いている。前者は金色の獅子で、後者は赤色の獅子。

- ◆◆　キャスタミア城はレイン家の居城であり、キャスタリーの磐城の北方に位置する。

- ◆◆◆　タイウィンはレイン家を根絶やしにした。これはアリアが〈轡られた婚儀〉への報復としてフレイ家にすることと本質的に変わりない。

- ▼　サーセイは息子ジョフリーとの結婚を控えたマージェリー・タイレルに対し、釘を刺す意図から、この歌の由来を語って聞かせる。

- ▼　ブロンやミアのソロスをはじめ、さまざまな兵士がこの歌を好んで歌い、長く歌い継がれていることを讃える。しかし、この歌に関してもっとも慄然とするのは、〈轡られた婚儀〉において虐殺開始の合図に使われたことだろう。楽師たちがこの歌を演奏しだすとともに殺戮が始まったのだ。

- ▼　ハイガーデン城陥落後、ジェイミーと対面したオレナ・タイレルは、この歌の歌詞の一部をもじって引用してみせる。自分の一族がレイン家と同じように滅ぼされることを知っての行ないである。

STANNIS BARATHEON
スタニス・バラシオン

　人望のないスタニス・バラシオンが〈五王の戦い〉に名乗りを
あげたのは、自分が継承すべき地位を奪われたからと信じこんで
いたためにほかならない。死のそのときまで、彼は断固として過
ちを正すつもりでいた。

　王位継承の規則にしたがうなら、長兄ロバートの死後、〈鉄の
玉座〉の正当な継承者は、次兄のスタニス・バラシオンでしかあ
りえない——もしもロバートの三人の子が、すべてサーセイ王妃
とその双子の弟ジェイミーの子供であるならば。しかし、ウェス
タロスじゅうでスタニスを喜んで王に迎えようとする者はほとん
どおらず、ドラゴンストーン城の城主として島に孤立し、海軍力
のみの存在として軽視される結果となる。ロバートの反乱におい
て、スタニスは兄ロバートとともに戦った。しかし、世の人気は
バラシオン家の三男、弟のレンリーのほうが高く、バラシオン家
の居城である嵐の果て城（ストームズ・エンド）はレンリーが受け継いだため、スタニス
はターガリエン家の領有するドラゴンストーン島の城を奪わざる
をえなかったのである。レンリーは美男子で頭の回転が速く、快
活で、戦よりも友人を作ることを好む。それもあって、貴族のあ
いだのみならず庶民のあいだでも、「ロブスターのように頑固」
と評されるスタニスより人気を集めた。

　スタニスが〈光の王〉（ロード・オブ・ライト）信仰に改宗した根底にあったのは、
自分が不当なあつかいを受けているという不満である。ゆえに、
メリサンドルが来着し、"〈光の王〉の啓示によってスタニスが
〈約束されたプリンス〉であると示された"と告げたとき、ス
タニスは兄弟たちにもウェスタロス全体からも認められなかった
自分が評価されたと思い、舞いあがった。以後、スタニスは一度
もメリサンドルを責めたことがない。彼女がスタニスの学匠（メイスター）を毒
殺したときも、弟を怪しい力で殺したときも、〈光の王〉への改

宗を拒否した者たちを生贄（いけにえ）に捧げたときもだ。この事実は、スタ
ニスが権力を得るために旧来の価値観を進んで捨てる覚悟の表わ
れといえる。じっさい、〈光の王〉信仰に改宗する前、スタニス
がなにを信仰していたにせよ、ひとたびメリサンドルと〈光の
王〉信仰に転んでからは、過去の信仰対象に見向きもしていない
のである。

　しかしスタニスは狂信者ではない。ウェスタロスで権力を求め
るほかの者たちと異なり、その目的は王国の安定にある。五王の
中で最初に〈白き魔物〉（ホワイト・ウォーカー）の脅威に気づいたのはスタニスであ
り、ラムジー・ボルトンにいちはやく戦いを挑んだのもスタニス
だった。だが、ウェスタロス統治にともなう責任を理解してはい
ても、権力を求めて厳冬の苛酷さに直面し、そのあげくに迎えた
悲劇的結末の責任をとろうとはしなかった。ここでふたたび、ス
タニスは倫理的に越えてはならない一線を越える。〈光の王〉の
歓心を買うため、みずからの娘を生贄に捧げてしまったのである。
それは結局、無益な蛮行におわる。

　その後、スタニスがみずからの罪について正式な審判を受ける
ことはなかったが、ブライエニーと対面したさい、その罪を問い
ただされる。このときブライエニーはスタニスに審判を下す覚悟
を固めており、質問したのはひとつだけ——血の魔術を使って自
分の弟レンリーを殺させたか否かだった。ここではじめて、スタ
ニスは自分の責任において凶行を行なわせたことを認める。選択
をしたのはスタニス自身であり、その結果は本人が受けとめねば
ならない。それを受けて、ブライエニーはスタニスに致命傷を負
わせ、善にも悪にも属さない男、戦争という霧の中、善悪のあい
だで正道を見失った男に引導を渡したのだった。

MELISANDRE
メリサンドル

〈紅の女〉、〈紅の女祭司〉ことアッシャイのメリサンドルは謎の人物である。はじめてドラゴンストーン城でスタニス・バラシオンの前に立ち、"あなたは〈光の王〉によって約束されたプリンスだ"と告げたとき、メリサンドルがどこからきたのか、どのような力をふるえるのかは、まったくの未知数だった。彼女が信じる宗教にしても、ウェスタロスでは異郷のものでしかない。それでもスタニスのもっとも信頼厚き顧問のひとりとなったのは、予言という贈り物のおかげだった。顧問の役割を、メリサンドルは自信たっぷりにこなす。が、当人も〈光の王〉の神秘的な力を完全に理解しているわけではなく、スタニスの覇権獲得に失敗する。しかし、ジョン・スノウの蘇生には奇跡的に成功し、それは戦いの流れを変えるとともに、みずからの立場をも大きく変えることになった。

メリサンドルに神秘的な力があることはまちがいない。もっとも顕著な魔術的力の発露は、"影"を産み、その影にレンリー・バラシオンを暗殺させて、スタニスが玉座の継承権を主張するのに邪魔な脅威のひとつを取り除いたことだろう。だが、時とともに、メリサンドルの力も不安定であることが明らかになる。苛酷な冬におけるウィンターフェル城攻囲においても、スタニスの娘シリーンを〈光の王〉への生贄に捧げれば戦いに勝つとの託宣のもと、スタニスを説いて凶行に踏みきらせたにもかかわらず、スタニスは敗れてしまった。メリサンドルは面目を失って黒の城(カースル・ブラック)へ帰りつき、信仰が揺らぐまま、自身を象徴する首飾りをはずして本来の姿をさらす。そこに現われたのは、皺だらけの老婆だった。老いさらばえ、歩みもままならない老婆が、魔法の衣の下に隠れていたのである。だが、ひときわ自信が揺らいでいたそのとき、メリサンドルはこのうえなく強力な魔法を使うために呼びだされる。その目的は、〈冥夜の守人(ナイツ・ウォッチ)〉の反乱分子に殺されたジョン・スノウを甦らせることだった。かくして彼女は、自分の行ないのなかでとびきりの偉業をなしとげる。復活の儀式を行ないはしたが、それがなぜ成功したのかはわからぬままに。

シリーンを死なせたことを知ったジョンに北部から追放されたメリサンドルは、自己発見の新たな旅に出て、ドラゴンストーン城にたどりつき、そこでデナーリスと遭遇、〈光の王〉の予言にある〈約束されたプリンス〉とは、翻訳しだいでプリンスともプリンセスともとれることを知る。そして、期待どおりにデナーリスがジョンと顔を合わせるのを待たず、謎の目的のためエッソス大陸へ渡っていく──自分が死ぬのはウェスタロスだとヴァリスに言い残して。

だが、メリサンドルには無為に死ぬつもりなど毛頭なかった。〈夜の王(ナイト・キング)〉とその軍勢が迫りくる中、彼女はウィンターフェル城に到着し、能力を駆使して、人間が滅ぼされるのを防ぐ力、〈光の王〉の炎を呼びだす。さらに、絶望的な戦いの中、万事休すと思われた瞬間に、予言を果たす者としてアリア・スタークを名指しし、〈夜の王〉に対するアリアの斬りこみを成功に導く。こうして〈光の王〉への務めを果たした彼女は、雪の中に歩み出て首飾りをはずし、真の姿をさらして死んでいく。彼女はついに、この戦いにおける役割を果たし、信奉する神のもとで安らかな眠りについたのだ。

信仰の腐敗

　ウェスタロスの七王国に戦乱が吹き荒れる中、ふたつの宗教が力を増す。目前に迫った大戦におけるドラゴンと剣のように、ともに強力な宗教——〈七神正教〉と〈光の王〉信仰である。しかし、信仰とは諸刃の剣で、ふるう者しだいで有効な武器にも自分を傷つける凶器にもなる。宗教を善なるものの礎と見るものもいれば、不信心者はもとより、ウェスタロスそのものを脅かす武器と見なす者もいるのである。

　物語にはじめて〈光の王〉信仰が登場したのは、ドラゴンストーン島の岸辺でのことだった。この宗教はエッソス大陸で隆盛を誇り、街角では紅の祭司たちが道ゆく人々を改宗させようと、盛んに辻説法を行なっている。そのうちのひとりであるメリサンドルは、ウェスタロスに到着後、純然たる予言を基に動く。彼女は予言にある〈約束されたプリンス〉がスタニス・バラシオンだと信じこんでいたのである。ゆえに、権力を求めるふしはなく、ひたすらスタニスの障害排除に邁進する。血の魔術でレンリー・バラシオンを暗殺したのも、他の王位継承候補者たちを呪ったのも、すべては予言成就のためだ。スタニスが敗北するや、彼女は目に見えて動揺し、〈光の王〉に見放されたのではないかと落ちこむ。まもなくジョン・スノウという新たな"プリンス"を見いだして、信仰を取りもどしはするものの、自分の進む道に自信が持てず、いったんウェスタロスをあとにする——来たるべき〈夜の王〉とその軍勢との〈大いなる戦い〉において、自分が果たすべき役割を見いだすために。

　手段こそ邪悪ではあったが、メリサンドルの行動は人間全体の利益を第一に考えてのものだった。それに対して〈雀聖下〉は、ウェスタロスで支配的な〈七神正教〉の原理主義的信徒であり、一見、〈正教〉の謙虚さと無欲を体現する存在のようだが、それは上辺だけで、じつは権力志向が強く、〈正教〉の民兵を復活させたのも、その教理を強制するためだった。娼館や娼館に足しげく通う男たちを忌避し、信仰の名のもとに、民兵を使って客や娼婦たちに暴行を加えさせたりもした。〈雀聖下〉の指導力は支配階級への不満に基盤を置くが、彼はけっして有意義な変革を主導しようとはしない。彼はたんに、貴族とはまた別種の抑圧を強いるだけなのである。もしもサーセイ・ラニスターがベイラー大聖堂ごと〈雀聖下〉を滅ぼしていなければ、〈正教〉の腐敗はいっそう進んでいただろう。

　メリサンドルの手段は黒魔術のようにも見えるが、ウィンターフェル城の戦いにおいて、〈紅の女祭司〉の宗教は黒魔術と決定的に異なることが明らかになる。メリサンドルが呼びだした炎が城を守ったのである。これも紅の祭司であるミアのソロスにより、六度甦らせられたベリック・ドンダリオンは、アリア・スタークをかばって死ぬが、これはアリアが〈夜の王〉を倒し、死者の軍団を滅ぼすというメリサンドルの予言を実現させるためだった。ウェスタロスの者にとっては、〈光の王〉の力は超自然的であり、異様なものに見える。が、結局のところ、王国を救ったのはこの宗教にほかならない。

56

「〈五王の戦い〉は無意味です。
真の戦いは北にあるのです、わが王よ。
〝死〟が〈壁〉に向かってきています」

メリサンドル

THE HIGH SPARROW
〈雀聖下〉
_{ハイ・スパロー}

　〈雀聖下〉は一見、善良で徳の高い人物に見える。靴直し職人の家に生まれた彼は、家業を継いで経済的成功を収め、より高い社会的地位を獲得する。やがて、訪ねてくる裕福な客をまねて、自分も贅沢な暮らしを送るようになり、貴族の仲間入りをしたいと考えるようになった。だが、そんな暮らしの堕落ぶりを目のあたりにした結果、彼は奢侈な生活を捨て、一介の司祭となり、みずからの過去を反省して、社会的平等を説きはじめる。その説法に呼応したのが、市井でもっとも価値なき者──〈雀〉と呼ばれる者たちだった。〈七神正教〉でも身分が低い彼らは、ウェスタロスの身分制度に異を唱えて草の根運動を展開し、彼を指導者に祭りあげるが、批判的な者は彼を〈雀聖下〉と呼ぶ。この呼び名は、キングズ・ランディングにおける宗教的権威の最高峰、〈正教〉の総司祭にひっかけたものである。〈雀聖下〉は信奉者たちを代表して上流階級の横暴阻止を志す。

　ところが、サーセイ・ラニスターが当代の総司祭を廃し、〈雀聖下〉に〈正教〉統括権を与えてしまったあとで、じつは彼は、それまで思われていたほど高潔な人物ではなかったことが明らかになる。サーセイから正義を執行する権利を付与された〈雀聖下〉は、〈正教〉の民兵隊を使い、暴力もいとわず、みずからの厳格な倫理を世に強制して、ロラスとマージェリーのタイレル兄妹ばかりか、サーセイ本人までも罪に問い、捕縛してしまったのである。自分が権力を与えた〈雀聖下〉の裁定によって、サーセイは贖罪のため、キングズ・ランディングじゅうを全裸で歩きまわられ、臣民たちに嘲弄されて、ものを投げつけられるはめになる。

　一連の逮捕劇が〈正教〉民兵隊の認める価値においてなされたものであれば、まだ弁護の余地もあっただろう。だが、〈雀聖下〉のとった行動は、おもに権力欲に取り憑かれてのものだった。市井の人々の代表のような顔をしながら、彼がしたことは、王都に恥と恐怖の文化を持ちこむことにほかならない。ウェスタロスの政治秩序を再建するかわりに、自分の支配下に置こうとしたふしもある。トメン王を操って、〈雀〉たちと〈正教〉の民兵に前代未聞の権力を与えさせてもいる。しかしその横暴には、サーセイがベイラー大聖堂を破壊し、〈雀聖下〉と信奉者の大半を葬り去ることで、決定的に終止符が打たれる。〈雀聖下〉の死とともに、〈正教〉の民兵は終焉を迎えた。だが、〈雀聖下〉の狂信が招いた恐怖は、サーセイとデナーリスによるキングズ・ランディング掌握時においても、依然として王都に宿りつづけることになる。

LORAS TYRELL
ロラス・タイレル

　ウェスタロスに名高い若き騎士ロラス・タイレルの名声は、ひとえにロバート王主催の馬上槍試合で見せた技倆と、試合場外での華やかな立ち居振舞いでもたらされたものである。だが、〈五王の戦い〉勃発とともに、彼の気ままで軽薄な日々は終わる。タイレル家の権力確保のため、大貴族から大貴族へと駒のように忠誠を捧げる先を変えさせられて、まず愛人を、ついで自由を失ってしまうのだ。しかも、戦争に命を賭けるうちに、その性的嗜好が悲劇的な破滅を招き、時ならぬ死を迎えることになる。

　ロバート王の死を機に戦乱が始まるなか、ロラスとレンリー・バラシオンの関係は広くうわさになっていた。だが、ロラスは同性愛の関係でのみ取り立てられていたわけではない。当初はレンリーがかかえる〈王の楯〉の一員に選ばれていたほどだし、レンリーの死後はタイレル勢の騎士筆頭を務め、ブラックウォーターの戦いではラニスター勢を支援し、戦においても有能であることを証明している。だが、立場上、拡大の一途をたどる戦の第一線で戦うわけにはいかず、暗殺されたレンリーの敵を討つ機会を得られぬまま、ロラスはキングズ・ランディングの宮廷にとどまることを余儀なくされる。祖母オレナの政治的な気まぐれに応え、婚約相手を変えさせられもした。悲劇的な形でレンリーを失った心の傷をかかえて、王都で日常的にやらされることといえば、蔑んでやまない宮廷の務めや、あちこちの結婚式や宴席に出席することばかり。馬上槍試合のように戦いの技倆や力を磨く機会があれば、上辺を繕う日々にも耐えられたろうが、それは望むべくもない。やがて彼はオリヴァーの褥に慰めを見いだす。しかしそれは、リトルフィンガーが仕組んだ脅迫計画の一環だった。男色の罪を口実に、サーセイと〈雀聖下〉はロラス逮捕に踏みきる。

　キングズ・ランディングの世俗の権力が〈正教〉と手を組んだことで、ロラスは〈正教〉の民兵の虜となる。そして拷問を受け、最後には拷問から逃れるため、民兵組織に加わることを受けいれる。だが、〈雀聖下〉から入隊を認められる前に、サーセイがベイラー大聖堂を破壊したため、ロラスはもろともに命を絶たれてしまう。自分の意志を通して生きてこなかったロラスだが、そのままでは、生き延びるために自分を偽る生を送っていたはずで、すくなくともそれは避けられたわけだ。

MARGAERY TYRELL
マージェリー・タイレル

　骨の髄までタイレル家の人間であるマージェリーは、愛を犠牲にしてでも政治的優位を優先する。レンリー・バラシオンの死後は、その資質ゆえにラニスター家と同盟関係を結び、権力への道をひた走った。しかしそれは、破滅への道でもあった。

　タイレル家の牙城であるハイガーデン城の次期城主はロラスだが、一族の繁栄のためには、キングズ・ランディングに足場を築き、政治的駆け引きに手を染めねばならない。そのことを理解していたのは妹のマージェリーのほうだった。祖母オレナから優れた戦略眼と観察眼を受け継いだマージェリーは、ジョフリーとの政略結婚を受け入れる。相手がじつは恐るべき暴力性の持ち主だとわかったあとでもある。ほかの者たちなら逃げるところを、マージェリーは少年王を操る方法を見いだす。最初に行なったのは、少年王の母サーセイを権力の中枢から締めだして、キングズ・ランディングの臣民と良好な関係を築くことだった。ジョフリーが自分の結婚式の場で毒殺され、トメンが王位を継ぐや、マージェリーはジョフリーのときと同じ手管を使って新王を籠絡し、うまく取り入る。兄よりも純粋なぶん、トメンの籠絡はいっそうたやすかった。マージェリーが結婚した夫は三人だが、そのいずれの例でも、彼女はつねにたゆむことなく自家にとって強力な同盟を作り、跡継ぎを産み、王妃としての権力をふるおうと努めていたのである。

　マージェリーにはサーセイ・ラニスターと共通する点もある。サーセイがロバートと結婚したのも、バラシオン家とラニスター家の政治的結びつきを強固にするためだった。ただし、サーセイの場合、ロバートの死後、みずからの支配権を確立する好機と判断したところがちがっていた。夫を操って権力をふるおうとするマージェリーの野望は、サーセイの権力志向を阻害する。さらに、サーセイの見ている前で赤の王城に乗りこんできて、子供たちに対するサーセイの影響力を削ぎ、サーセイには不可能な形でキングズ・ランディングの人々の人気を勝ちとってもいる。マージェリーの抬頭はサーセイの没落と密接にかかわっており、マージェリーはその事実を隠そうともしなかった。

　だが、やがて状況が一変する。サーセイが〈雀聖下〉を利用してマージェリーとロラスを捕縛させたのである。マージェリーは義母サーセイの野望とキングズ・ランディングを席巻する〈雀聖下〉の宗教勢力のあいだで身動きがとれなくなってしまう。〈雀聖下〉の信頼を得るため、マージェリーは〈正教〉への信心を改めて誓い、サーセイの反対にもかかわらず、トメンにも同じように勧める。それは綱渡り的な政治工作であり、あとすこしで成功するところだった。だが、じきにサーセイはこの権力ゲームにうんざりしてしまう。事態が自分の制御のおよばぬところへ向かおうとしているのを見て、ベイラー大聖堂を破壊してしまうのだ——中にいた〈雀聖下〉とマージェリーもろともに。

　大聖堂内にいる者の中にサーセイとトメンの姿が見えないことから、マージェリーだけはまもなく攻撃が行なわれることに気づいていた。だが、よもやサーセイがそこまで思いきった挙に出るとは予想の外だった。マージェリーは狡猾で人心を操り、自分と一族の権力確保のため自分の感情と状況を切り離して行動できる。しかし、けっして残酷な人間ではない。それゆえ、社会階層の序列を巧みに昇りつめ、多大な権力をふるえる地位を確保したものの、その権力をふるうひまもなく、タイレル家でもっとも果断なオレナでさえもおよばぬほどたやすく人道を踏みにじれる人物により、殺されてしまったのだった。

OLENNA TYRELL
オレナ・タイレル

タイレル家はウェスタロスでもっとも古く、もっとも裕福な大貴族のひとつである。同家の女家長であるオレナ・タイレルは、キングズ・ランディングでもひときわ政治的な駆け引きに長けていることで知られる。その辛辣で歯に衣着せぬ物言いから、人呼んで〈茨の女王〉。キングズ・ランディングへは、ジョフリー・バラシオン王と婚約したマージェリーの祖母としてつきそってきた。形の上では、タイレル家の当主は息子のメイスであり、その跡継ぎは孫のロラスだが、舞台裏で暗躍し、孫娘の安全と一族の政治的地位を確保し、一族の未来を左右するのがオレナであることはまちがいない。

機知と辛辣さを前面に出しつつも、オレナは抜けめない政治オブザーバーだ。ジョフリーが孫娘マージェリーにおよぼす潜在的危険を即座に見ぬき、サンサ・スタークの信頼を得て少年王の暴力的傾向を把握する。牙城ハイガーデン城には富がうなり、キングズ・ランディングへの食料を供給してもいることから、一族の持つ影響力を熟知しているオレナは、その力を存分にふるい、各方面の関係者に働きかけ、ジョフリーとマージェリーの結婚を仕組む。ただし、孫娘に危害がおよばぬよう手を打つことも忘れなかった。オレナの戦略眼と政治的洞察力は過小評価されがちだが、

だからこそ、リトルフィンガーと共謀し、孫娘の安全を確保することができたのだ。

だが、のちにオレナは、ことが自分の思惑どおりに運ばなくなってきたことに気づく。ジョフリーの死後、トメンと結婚したマージェリーが王妃の役割を演じるにつれ、サーセイが自分の息子王と〈鉄の玉座〉を掌握すべく、揺さぶりをかけてきたからである。マージェリーは祖母の優秀な弟子であり、自分の権利にかけては狡猾で抜け目がないが、オレナとちがって、過小評価される立場にない。ためにサーセイは、マージェリーが孕む危険に気づき、兄のロラスともども、〈正教〉の民兵に逮捕させる。オレナは孫娘を解放させようとひそかに動くが、最終的にはマージェリーに遠ざけられ、傍観を余儀なくされてしまった。サーセイがこのうえない暴虐に踏みきったのはその直後のことである。なんと、ベイラー大聖堂を破壊し、それとともにタイレル家の未来をも潰えさせてしまったのだ。一族最後の権威者となったオレナは、デナーリス・ターガリエンと手を組み、公然とラニスター家に反旗を翻す。

しかし、オレナの反乱はまたたく間に鎮圧された。ラニスター勢が思いがけなくハイガーデン城を攻め、タイレル家の黄金を略奪し、事実上、タイレル領を地図から消してしまったからである。ただし、オレナ・タイレルは、静かに舞台から退場しはしなかった。戦塵が収まったのち、オレナの命を奪うべく、ジェイミー・ラニスターが居城に乗りこんできたとき、彼女はジェイミーが差しだした毒をあおり、そのさい、衝撃的な発言をする。ジョフリーを毒殺したのはオレナだったのだ。そして、オレナが口にした最後の願いは、サーセイ・ラニスターの息子を殺したのが〈茨の女王〉であることをサーセイ本人に告げてもらうことだった。玉座をめぐるゲームに負けはしたが、オレナ・タイレルは周囲が思うよりもずっと優れた指し手だったといっていい。

> 「サーセイに伝えて。
> 彼女には
> 知っておいてほしいの。
> やったのはわたしだと」
>
> オレナ・タイレル

ウェスタロスの女たち

デナーリスがウェスタロス征服のため〈狭い海〉を越えて戻ってきたさいには、各大貴族家を率いる三人の女と同盟を組んでいた。オレナ・タイレル、ヤーラ・グレイジョイ、エラリア・サンドだ。きわめて強力なこの女系の同盟は、当物語において、デナーリスのように権力を得るために運命を切り開いてきた女がいかに多いかを物語っている。だが、三人の同盟者がたどった運命は、父家長制社会において女性指導者としての道を切り開くデナーリスにとり、凶兆となった。

オレナ・タイレルはつねにタイレル家の実質的家長であり、当主だが凡庸な息子メイスを支え、孫娘マージェリーを教え導いてきたが、名実ともにタイレル家の当主となったのは、息子と孫たちがサーセイの手で悲劇的な死を迎えたあとのことである。こうした状況でなければ、オレナが当主となることはなかったろう。同じことはドーンのエラリア・サンドにも、パイク島のヤーラ・グレイジョイにもいえる。ウェスタロスの父家長制は根強く、叔父ユーロンが帰還して鉄諸島の支配権を主張したさい、ヤーラは黙って見ていることしかできず、ついには自分の一党を連れて鉄諸島から脱出せざるをえなくなる。いっぽうエラリアは、ラニスター家への報復を回避した大公ドーランを殺害するという悲劇をもたらした。自分が戦って勝ちとるなにかがあるとき、あとさき考えず、極端な行動に

出るという点で、エラリアとサーセイには共通する要素がある。以上の女たちが権力の座についたのは、男たちが死んだからであり、いまこそ権力を掌握する機会と見るや、敢然と行動に出たからだ。

彼女たちからデナーリスが得た教訓は、指導者として堂々としていることと、本能にしたがうことだった。オレナが同時代の〝賢明な男たち〟よりも長く生きられた理由は、当人がデナーリスに語ったところによれば、男たちを無視したことによる。オレナはつづけて、若き女王にウェスタロスの城主たちの弱点を語る。デナーリスのドラゴンの前では、城主たちなど羊のようなもの。あなたはそのドラゴンとなり、みずからラニスター勢と戦いなさい——。それはエラリアとヤーラがとった方法でもあった。だが、デナーリスはこの助言にしたがわず、かわりにティリオンの助言にしたがい、より戦略的で外交交渉重視のアプローチを採る。しかし、その方策は完全な失敗におわり、女たちはひとり、またひとりと排除されていく。エラリアはサーセイに捕われ、ヤーラはユーロンの人質となり、オレナはハイガーデン城攻囲ののち死んでしまうのである。

デナーリスは即座に自分の決断がまちがっていたことを悟り、優位を取りもどすべく、戦利品運搬車列への攻撃を命じる。だが、あてにしていた同盟をつぶされて、すでに自陣営には甚大な損害が出たあとだ。それもこれも、ウェスタロスの政治体制が自分を正当な指導者として敬うとデナーリスが信じたがためだった。同盟崩壊後、デナーリスは理解する。権力を持った女として敬意を払われるためには、暴力が必要となることを。ただし、サーセイ自身も身をもって学んだように、恐怖と暴力による統治は危険な道となる。そしてそれは、オレナにならわかる暗い道へとデナーリスを導いていく。

階級闘争

　『ゲーム・オブ・スローンズ』は支配層——王、王妃、女王、その直臣たちの物語である。彼らは農夫や労働者ほか、自分たちが戦争に巻きこむ被支配者層の命など一顧だにしない。ただし、キングズ・ランディングとミーリーンでは、社会の基底をなす深刻な階級闘争がかいま見える。

　キングズ・ランディングでは、民衆は当然のようにサーセイを憎んでいる。冷酷でお高く止まっていると思われているからだ。サーセイ自身、自分や子供たちに対する憎悪を当然のものと受けとめていた。しかし、息子の妃マージェリーが王妃として民衆の人気を集めているのを見て、義理の娘に対する憎悪はゆるぎないものとなる。贖罪の道行きで、はなから自分を憎んでいた民衆から肉体的にも心理的にも辱めを受けた結果、サーセイは民衆の安寧など一顧だにせず、ベイラー大聖堂の破壊に踏みきり、そのさい何百人も道連れにする。さらに、〈白き魔物〉との戦いに加わることを拒否してウェスタロスの運命を危険にさらしもする。

　それに対してデナーリス・ターガリエンは、〈奴隷商人湾〉で対照的な対応を見せる。ミーリーンをはじめとする三大都市で奴隷を解放し、平等主義的な社会秩序を確立させるのだ。もっとも、この新秩序を維持するために、彼女は絶えざる抗争に追われることになるのだが。〈鉄の玉座〉を求めてウェスタロスに帰還してからのデナーリスは、一から地ならしすることを余儀なくされた。ウェスタロスではターガリエンの名に悪評がつきまとっていたからである。ドラゴンたちをキングズ・ランディングに乗りこませれば、戦争にはすぐに決着がつく。が、〈灰の女王〉として支配してほしくはないとのティリオンの助言にしたがい、デナーリスはいったん強行策を思いとどまる。

　ところが、つぎつぎに不測の事態を迎え、気高い対応をしていては権力を得られないことが判明するや、ついに彼女はドラゴンたちを解き放ち、強硬手段に訴える。冬への備えも兼ね、キングズ・ランディングに戦利品を運びこもうとしていた車列を焼き払い、ひざを屈せぬ者たちを処刑したのだ。

　いったんは各勢力との協力態勢を確立し、かろうじて〈夜の王〉との〈大いなる戦い〉に勝利したデナーリスだったが、戦後には新たな葛藤が待っていた。王都の庶民はデナーリスにまつろわず、サーセイ・ラニスターを支持したままであり、北部の民もジョン・スノウを祭りあげていたからである。この状況でウェスタロスに君臨するためには、もはや〈灰の女王〉となり、圧政から解放するつもりであった人々を焚殺して、すべての敵を無慈悲に滅ぼしさるほかはない。それがデナーリスの決断だった。

　女王の心境の変化については、デナーリスに忠誠を誓ったジョン・スノウでさえ許容できず、ついには彼女を殺してしまう。その後、ウェスタロスの指導者たちによる次代の統治者を決める会合において、サムウェル・ターリーはことばすくなながら、庶民にも選ぶ権利があるのではないかと発言する。ウェスタロスにはまだ民主主義が根づいていないが、サーセイとデナーリスのふるまいから教訓を得た者は多い。そのため、すべての民にとってより実りある未来をもたらし、王国でこれまでくりかえされてきた戦争と暴力の周期から解脱できるであろう人物が、投票によって選ばれることになったのだった。

Ellaria
& the
Sand Snakes

エラリアと〈砂蛇(サンド・スネーク)〉たち

ドーンの文化は婚姻外の関係を否定しない。公弟(プリンス)オベリンは旅をするさいにも愛人のエラリア・サンドを連れてまわるため、結婚していないにもかかわらず、彼女はドーンで大きな権力をふるうことができた。オベリンの非嫡出の娘たちはみな父親に認知され、それぞれが権力を持つにいたる。その娘たちを総称して〈砂蛇(サンド・スネーク)〉。彼女たちは、父親とその遺産を脅かす者には容赦ない。ウェスタロスのどこよりも女の価値を評価する文化にあって、エラリアと〈砂蛇〉たちは強固な結束を示し、〈鉄の玉座〉に対する大がかりな戦いの中、それぞれの運命を切り開き、殺されたオベリンの復讐をとげようとする。

愛するオベリンが〈山(マウンテン)〉の手で無惨に殺されるのを目のあたりにしたあと、ドーンに帰ったエラリアは、大公(プリンス)ドーラン・マーテルが被後見人として迎えたミアセラ・バラシオンを息子トリスタンと婚約させ、ラニスター家と敵対しないための布石にしようと画策していることを知る。しかもドーランが、侵攻してきたジェイミー・ラニスターを迎え討つかわりに、交渉でしのごうとするのを見て、

エラリアは〈砂蛇〉たち——とりわけ、オバラ、ナイメリア、エラリア自身の娘のひとりタイエニーと共謀して、ウェスタロスの最南端に位置するドーンの未来を守るため、ミアセラを毒殺し、ドーランとトリスタンを謀殺する。

これがウェスタロスのほかの地域なら、ひとりの女、その娘、ほかの愛人ふたりの娘たちが協力し、権力を維持することなどありえなかっただろう。しかし、ドーンでは事情がちがう。オバラが励む父親流の槍術(そうじゅつ)訓練を妨げる者はいないし、ナイメリアが鞭の、タイエニーが短剣の腕を磨くことを妨げる者もいない。エラリアはオレナ・タイレルとともに、デナーリス・ターガリエンとの同盟に加わるが、それはふたりとも、それぞれの一族の男たちが動かないことに業をにやし、みずから主導権を握ろうとした結果だった。

しかし、同盟は粉砕され、エラリアと娘たちは敗北する。サーセイ・ラニスターは娘ミアセラの報復のため〈砂蛇〉撃滅を指示、それを受けたユーロン・グレイジョイによってオバラとナイメリアは討ちとられ、エラリアとタイエニーは拷問のためサーセイのもとへ送られてしまった。悲劇的ではあるが、これは意外な結末ではない。その死によって、彼女たち〈砂蛇〉は、過激ながら失敗に終わった謀叛劇(むほん)の伝説となったのである。

ドーン

七王国でもっとも南に位置するドーンは、もっとも毛色の変わった地方でもある。その風習はウェスタロスの他の地域と著しく異なる。継承権は男女で同格と信じており、婚姻外の関係もあまり気にすることはなく、婚外子も社会から排除されることはないし、性に対して奔放だ。エイゴン一世王による征服をしのいで以来、ドーンは自主独立を維持しつつ、結婚による平和的同盟関係を通じて七王国に加わった。だが、征服から数千年を経て、ドーンの指導層は壊滅し、変わりゆくウェスタロスで、新たな大公(プリンス)がドーンの再建をになうことになる。

踏み石諸島(ステップストーンズ)

伝説にある〈ドーンの腕〉は、かつてはウェスタロスとエッソスをつなぐ陸橋だった。〈最初の人々〉は、1万2000年前、この陸橋を渡ってウェスタロスに侵入し、〈森の子ら〉と遭遇したといわれる。〈ドーンの腕〉破壊後は、海に点々と列島だけが残った。それを踏み石諸島と呼ぶ。

サンスピア宮

ドーンの中心であり、ドーンを統べるマーテル家の居所となる宮殿。オベリン・マーテルの死後、クーデターを起こしたエラリア・サンドと〈砂蛇(サンド・スネーク)〉が権力を掌握してからは、居所ではなくなった。

ウォーター・ガーデンズ
マーテル家私有の行楽地で離宮を擁する。海岸に位置しており、サンスピア宮からはそう遠くない。エラリア・サンドはここでクーデターを開始した。

ナイメリア伝説
ナイメリアは、千年前、船団を率いてドーンに渡ってきた伝説の戦士女王である。ドーンをマーテル家の領地として確立したのはナイメリアであったと考えられている。

OBERYN MARTELL
オベリン・マーテル

　ドーンの〈赤い毒蛇(レッド・ヴァイパー)〉として知られる公弟(プリンス)オベリン・マーテルは、ウェスタロス最南端のドーンを統べるマーテル家でもひときわ目を引く存在である。ほかのドーン人たちと同じく、オベリンは世間の目など気にせず、自由に生きる。気にいりの愛人エラリア・サンドをはじめ、何人もの情婦と儲けた娘たちについては、その全員を認知し、しかるべきあつかいのもと、それぞれを自分好みの戦士として育てあげた。いちばん深い関係にある愛人はエラリアだが、ふたりとも性に関してはオープンで融通がきき、ともに寝る相手は男女を問わない。オベリンの人生にこれといった目的はないが、ひとつだけ例外がある。何年も前に殺された姉エリアの復讐だ。

　オベリンはジョフリーの結婚式に参列するためキングズ・ランディングを訪ね、その後はドーンの利益を守るためトメン王の小評議会に加わる。が、当初から王都訪問の目的は復讐にあった。姉のエリア・マーテルはグレガー・クレゲインに殺されたとされるが、それはラニスター家の差し金と見ていたのである。ジョフリー殺害の罪に問われたティリオンの決闘裁判で、進んで代理闘士を買って出たのは、相手方の代理闘士、〈山(マウンテン)〉と戦う機会が得られるからだった。むろん、自身が死ぬ可能性が高いことは承知のうえでだ。

　じっさい、オベリン・マーテルは〈山(マウンテン)〉との決闘に敗れ、凄惨な死を迎える。だが、オベリンは死ぬ前に、求める真相を敵の口から聞きだしていた。エリアとその子供たちを殺したのは、たしかに〈山〉だったのだ。だが、オベリンの愛人エラリアにしてみれば、その確認がとれたことなどなんの慰めにもならず、のちにオベリンの兄ドーランを殺してドーンを支配下に置き、みずからの復讐に邁進(まいしん)する。

　オベリンはウェスタロスにあって自由にふるまい、自分の身の安全よりも自家の名誉に重きを置き、慄然(りつぜん)とする最期を迎えるにあたって、敗北とともに大いなる勝利をも手にした。オベリンの死はけっして無駄にはならず、彼の行動は多様なできごとの連鎖を引き起こし、当人が望んだほど迅速ではなかったにせよ、最終的にはエリアの死の原因となった者全員に報いを受けさせることになる。

ウェスタロスの男たち

『ゲーム・オブ・スローンズ』の物語がスタートする平時において、騎士が男らしさを示す機会は、馬上槍試合にしかなかった。が、ウェスタロスに戦乱が吹き荒れると、勇敢な騎士の理想像は、戦時の英雄には合わないことがわかってきた。その結果、伝統的な男らしさの見直しがなされ、栄光にいたる多様な道の再整理が行なわれる。すべての英雄が、かならずしも旧来の男らしさの基準にあてはまるわけではないのである。

〈五王の戦い〉が始まる前、ロラスとジェイミーは英雄の見本だった。だが、戦争という試練と苦難を経て男らしさの基準が変わり、それにともなってふたりの立ち位置も大きく揺らぐ。美形で雄々しいロラス・タイレルは、ブラックウォーターの戦いにさいし、スタニス・バラシオンの軍勢を打ち破るうえで大きな働きをあげた。だが、戦士としての優れた資質にもかかわらず、その評判はかんばしくない。その性的嗜好に根強く醜聞がつきまとい、レンリー・バラシオンとの関係もうわさされていたからである。最終的に、ロラスは〈正教〉の民兵に捕まって拷問を受ける。いっぽうジェイミーは、もっとも苛烈な猛将のひとりとして戦に臨むが、片手を失って以降、戦闘では存分に実力をふるえなくなり、かつての雄々しさを示す単純明快な道を見失って、英雄としてのありかたを学びなおさねばならなくなる。

他方で、伝統的な男らしさから外れた者たちは、戦時に独自の居場所を見つけだす。テ

ィリオン・ラニスターと〈灰色の蛆虫〉は、それぞれ別の形で社会から疎外されてきた。だが、運命の糸車が回転するにともなって、ティリオンはブラックウォーターの戦いで狡猾にして有能な将であることを示し、ときに失敗もやらかすが、王国でもっとも信頼のおける軍事顧問となる基盤を確立する。同様に、〈灰色の蛆虫〉は、ウェスタロスに到着した時点でデナーリスの最高指揮官に昇りつめている。当初は奴隷部隊〈穢れなき軍団〉の一員だった彼だが、女王によって解放され、本来の身分ではけっして得られない権威を手にしたのである。

ウェスタロスの文化では、数々の物語と伝説が、雄々しく英雄的な騎士を〝理想の男性像〟として称揚する。だが、今回の戦争で生まれた物語と伝説は、まったく趣が異なっていた。騎士が単騎で戦場に乗りこみ、武技と武勇をふるって味方に勝利をもたらすという伝説は、もはや生まれない。かわりに生まれるのは、身も心も傷だらけになった男や女が、社会通念や男性的な〝理想の英雄〟に挑み、分が悪い戦いであるにもかかわらず勝利して、支配階層に影響をもたらす物語である。すべての戦いののち、新王は不自由王ブランとなる。このことは、ウェスタロスを未来に導くうえで最良の人物がだれかという認識が変わったことを意味している。

ウィンターフェル城

ジョン・スノウは〈北の王〉になどなりたくなかったが、結局は王のマントを受けいれ、ウィンターフェル城の大広間で玉座につく。北部らしく質実剛健のこの玉座は、素朴な暮らしを望む王の素朴な造りをしていた。その後、サンサ・スタークが〈北の女王〉となったとき、玉座は大狼(ダイアウルフ)を彫刻したものと交換される。これは北部の独立と、ウェスタロスにおける高い地位を示すものである。

〈鉄の玉座〉

剣で造られたこの玉座の恐ろしげなイメージは、玉座を求める者に恐怖をいだかせ、そこにすわる者の勇敢さに畏怖をいだかせることを目的としている。物語の終わりでは不自由王ブランがウェスタロスの新たな道を示すが、このとき、〈鉄の玉座〉はもうない。戦争と苦難の時代の記念碑は、ドロゴンに融かされてしまっている。

権力の拠点

ウェスタロスでは〈鉄の玉座〉がとびぬけて大きな存在だが、王や女王が営む宮廷の中心となるのは、これひとつではない。

ドラゴンストーン城の玉座

デナーリスは、先祖伝来の居城であり、自分の生まれたドラゴンストーン城を探索するうちに、玉座を発見し、〈北の王〉ジョン・スノウとの初会見にはこれを用いた。玉座は城の一部をなす天然石を彫り出したもので、剣という人工物で造られた〈鉄の玉座〉とくらべると、鮮烈な美意識の対比が見られる。

ミーリーンの玉座

当初、デナーリスにはミーリーンを統治するつもりがなかった。が、平和を維持するためにはそうせざるをえないことをただちに悟る。ミーリーンの玉座が高い位置に設置されていることは、デナーリスが打倒しようとした身分階層がいまだに払拭できてはいないことを示している。高みにある以上、謁見者を見おろす形で語りかけることになり、それはすなわち、彼女が望むのとは逆に、都の抑圧者側に立って身分階層を肯定する形になるからだ。

王冠の変遷

バラシオン家の紋章は牡鹿なので、
ロバートの王冠には牡鹿の角があしらわれている。
宝石を象嵌した小ぶりの鹿角のうしろに
大きな黄金の鹿角がそびえる。

ロバート・バラシオン

レンリー・バラシオン

レンリーの王冠はより繊細かつ精緻で、
左右対称の鹿角があしらわれている。

ジョフリーの結婚式での王冠には
バラシオン家の紋章があしらわれているが、
鹿角のあいだにはバラの意匠も覗く。
タイレル家の紋章にはバラが用いられているので、
これは両家の結婚による同盟を表わすもの。

このバラは、まだ咲いてはいないものの、
牡鹿の鹿角のあいだをゆっくりと這い進んでおり、
タイレル家の影響力が徐々に増しつつあることを
暗示している。

ジョフリー・バラシオン

トメンもジョフリーも、〈鉄の玉座〉につくときは
この王冠をかぶっている。

ロバートの王冠と同じく、トメンのそれも
牡鹿の紋章をあしらったもの。

トメンはこの王冠を自分が愛するもの
すべての破滅と結びつけた。
自死するまぎわ、彼はこの王冠をはずし、
しばしじっと見つめてから、脇にどけ、
高みから身を投げる。

トメン・バラシオン

サーセイの王冠の中央には、ラニスター家の
紋章である獅子が様式化されてあしらわれている。
様式化された獅子のたてがみは、〈鉄の玉座〉の
──サーセイの究極の目的の──剣を表わすもの。

サーセイの王冠は新たに獲得した
独立的立場を示している。
バラシオンの名と決別し、ラニスター家における
立場を新たにしたサーセイの統治は、
〈鉄の玉座〉の歴史における重要な変化に
位置づけられる。

サーセイの王冠の一部には、
歴代王の黄金の王冠には使われなかった
銀が用いられている。

サーセイ・ラニスター

〈王の手〉

　王または女王が〈鉄の玉座〉に座すかたわらで困難な意思決定を下す役目は、しばしば統治者の〈手〉が担う。これは時の統治者にもよるが、赤の王城(レッド・キープ)が的確にウェスタロス全土を統治できるようにするのも〈手〉の仕事だ。下にあげるのは、キングズ・ランディングにあって、あるいは〈鉄の玉座〉をめぐって争う王候補や女王候補たちを支える形で、〈王の手〉の要職についた者たちである。

ジョン・アリン

ジョン・アリンは谷間(ヴェイル)地方の守護者であり、ロバート・バラシオンが王位を獲得してのち〈王の手〉についた。ロバート王が政務そっちのけで饗宴と馬上槍試合ばかりにうつつをぬかしていたため、政権運営の膨大な仕事は彼が一手に引き受けている。のちに彼は妃のライサに毒殺されるが、その背後には、ウェスタロスの政治秩序を乱そうとするピーター・"リトルフィンガー"・ベイリッシュの暗躍があった。

ネッド・スターク

ネッド・スタークは、ロバート王の友人として、忠誠心から〈王の手〉を引き受け、充分な準備も整わぬまま、キングズ・ランディングにおける権力争いに巻きこまれたことに気づく。〈王の手〉は要石(かなめいし)であらねばならないが、名誉を重んずるネッドは、この地位が要求する機転や老獪(ろうかい)さとは根本的に相いれず、結果的に死を早めてしまう。

ダヴォス・シーワース
〈五王の戦い〉をくりひろげた王候補のうち、〈王の手〉を任命したのはスタニス・バラシオンだけである。サー・ダヴォスは、かつては密輸業者だったが、その現実的で誠実な進言により、スタニスのもっとも近い顧問に取り立てられた。スタニスに対するメリサンドルの影響力を憂うひとりでもある。

ティリオン・ラニスター
〈五王の戦い〉で多忙をきわめる父タイウィンに代わり、甥ジョフリーの〈手〉代行に任命された。タイウィンの王都帰還後は解任されるが、のちには王位を求めてウェスタロスへ渡ってくるデナーリス・ターガリエンの〈手〉を務める。〈夜の王〉との大戦後、デナーリスがキングズ・ランディングを攻撃し、死亡したのち、ティリオンは自分がデナーリスに与えた助言をふりかえり、自分の役割を見つめなおすものの、結局は不自由王ブランの〈手〉を引き受ける。波乱の旅路であったとはいえ、〈手〉はまさにティリオンの天職であったのである。

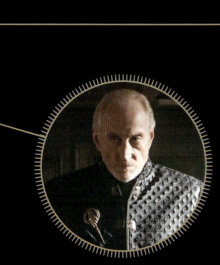

タイウィン・ラニスター
タイウィンはエイリス・ターガリエン王の〈手〉を務めていたが、戦争の流れが変わるのを見てロバート・バラシオンに鞍替えした。のちに自分の孫ジョフリーの、ジョフリーの死後はトメンの〈手〉を務めるが、最後は息子ティリオンに殺されてしまう。

メイスター・クァイバーン
サーセイが悪辣な手段で女王になると、学鎖を剥奪された元メイスターのクァイバーンはつねに〈鉄の玉座〉のそばに侍り、もっとも近い顧問となる。創造的だが道義的に問題のある手段を提供し、サーセイのかかえる諸問題を解決した能力を買われたのが、重用の理由だった。

Tyrion
Lannister

ティリオン・ラニスター

　ティリオンは生まれたときから苛酷な人生を運命づけられている。特権的な環境で育ちながらも、こびとの彼はつねに一族と王侯社会のはみだし者だった。その成長過程は、偏見、孤立、ラニスター家古来の牙城であるキャスタリーの磐城(ロック)の豊かな富をけっして受け継げないこと、父親がキングズ・ランディングでふるっている権力を自分がふるう機会はないことなど、ひたすら悲惨な状況と条件に彩られている。しかし、みずからの機知、知性、戦略的才能をふるって苦闘した結果、ティリオンは権力に貪欲な人間たちとまったくちがう、ウェスタロスではまれな人物、自分よりも王国の安寧を優先する人物になった。そ

ういう意味で、彼は新世代の指導者たちを導くのにうってつけの人材だったといえる。
　〈五王の戦い〉がはじまると、ティリオンはタイウィンの留守中、甥であるジョフリー王の〈手〉代行として優れた働きをあげ、鬼火(ワイルドファイア)を用いた攻撃でブラックウォーターの戦いを勝利に導く。だが、この戦功をもってしても、父タイウィンの自分に対する見方を変えさせるにはいたらず、依然、過小評価され、敬意を欠いたあつかいをされつづけたあげく、サンサ・スタークとの政略結婚を強制され、ジョフリー王殺害のあらぬ嫌疑までかけられてしまう。幽閉され、死罪を宣告されたティリオンは、父親を殺すという衝撃的な行為ののちに、ウェスタロスを脱出する。

　家名を名乗れず、家名に付随する地位も失ったティリオンは、ラニスターではない自分に今回の戦争で果たす役割があるかどうかを探るため、エッソス大陸に渡る。そこに彼が見いだしたものは、デナーリス・ターガリエンと彼女との協力関係だった。それはティリオンに自分の一族が与えてくれなかった〝目的〟を与えてくれた。父も姉兄も、ティリオンの助言には聞く耳を持たなかったのに対し、デナーリスはティリオンから懸命に戦略と外交を学ぼうとする。その裏にあったのは、ミーリーンの権力を維持し、ウェスタロス奪還の計画を立てようとの意図だった。ティリオンはデナーリスを信じ、彼女が行方不明のあいだは代理でミーリーンを統治する。そして、デナーリスがウェスタロスへ船出するさいには、〈女王の手〉としてつきしたがう。

　最後の激戦が迫る中、ティリオンは本来の名と身分を公然と告げてウェスタロスへ帰還した。しかしそれは、当人が想像していた形の帰還ではなかった。女王の目的を果たそうと苦闘するも、ウェスタロスの複雑な政治情勢にはばまれて、なかなか思うようにことが進まない。それに、サーセイの無慈悲さはいつもティリオンの想定を上まわっていた。姉のことはよく知っているとのティリオンのことばは、何度も何度も徒言(あだごと)に終わり、立てつづけに軍事的な敗北を喫してしまう。ウィンターフェル城の戦いののち、サーセイが休戦協定を尊重しようとせず、和平の呼びかけを拒否するにおよんで、デナーリスはついにティリオンの助言に疑問をいだく。読みちがいの原因は、ティリオンがサーセイにも人間性はあると信じていたからだった。その結果、デナーリスの王都攻撃は虐殺となり、ティリオンは恐怖の面持ちでそのようすを見つめることになる。彼は結局、〈ドラゴンの女王〉がキングズ・ランディングを灰燼(かいじん)に帰せしむのを止められなかったのだ。

　デナーリスの行動に抗議するため、ティリオンは〈手〉を辞す。そして、デナーリスに処刑されないうちに、ジョン・スノウを語らい、自分たちの女王に対する愛情よりも王国への務めを優先するよう説きふせ、デナーリスを殺させる。その後の混乱の中、ティリオンは女王に対する反逆のかどで責めを負おうとする。が、新たな統治者を選ぶ必要から、ウェスタロスじゅうの公と女公たちはティリオンに助言を求める。それを受けて彼が玉座に推したのは、記憶の管理者であり、王国の全員をひとつに束ねる物語の数々を知る男、ブランだった。

　ブランから〈王の手〉就任を依頼されたティリオンは、最初は断わったが、結局は受けいれる。こうしてティリオンの旅は頂点に達した。社会的なはみだし者であったティリオンは、不自由王ブランを導き、ともによりよい未来を築くことに目的を見いだす。デナーリスの自滅を防ぐことはできなかったが、ティリオンは過去のさまざまな過ちから得た教訓をもとに、ウェスタロスをよりよい未来へ導き、やがて思いがけなく歴史書に名前が載ることだろう。

Queen Daenerys Targaryen First of Her Name, invites you to Dragonstone. My queen commands the combined forces of Dorne and the Reach, an Ironborn fleet, legions of Unsullied, a Dothraki horde and three dragons. The Seven Kingdoms will bleed as long as Cersei sits on the Iron Throne. Join us. Together we can end her tyranny. I appeal to you, one bastard to another-for all dwarves are bastards in their fathers eyes.
　　　　　　　　　　　　　　　　　　　Tyrion Lannister, Hand of the Queen

ウェスタロスの絆

ティリオン、ブロン、ポドリック

　ティリオン・ラニスターは兵士の訓練を受けたことがない。だから、はじめて戦場に放りこまれたときには、従士や傭兵の事情がまったくわかっていなかった。それでもなんとか生き延びられたのは、ふたりの仲間を見つけたからである。そのふたりとの関係は、育つ過程で経験したことのない仲間意識をかいま見せてくれた。
　傭兵ブロンは、キャトリン・スタークの虜となったティリオンを谷間（ヴェイル）へ護送していく途中、金に釣られてティリオンの味方に鞍替えする。谷間で行なわれた決闘裁判では、ラニスター家の黄金目あてにティリオンの代理闘士を引き受け、相手方の代理闘士よりずっと狡猾で有能であることを証明、その勝利を機に、ティリオン個人の護衛になる。ティリオンを戦場で守る役目では潤沢な報酬を受け、キングズ・ランディングの〈王都の守人〉（シティ・ウォッチ）の長に任命されたほか、ブラックウォーターの戦いでは重要な役割を果たしもした。そのさいの戦功で騎士に叙されてからは、ブラックウォーターのサー・ブロンを名乗る。
　ティリオンに対するブロンの好意は、金銭では購（あがな）えないものだった。ティリオンが父タイウィンに拘束されたとき、すでに一時金をもらって罷免（ひめん）されていたブロンは、そのまま立ち去ることもできたはずなのに、わざわざティリオンのもとを訪ね、自分の決意を伝えている。それぞれの旅路において、ふたりは金銭を超えた次元でたがいを必要としていた。たがいのおかげで、ティリオンは護衛を、ブロンは一介の傭兵では得られない優雅な暮らしを得られたのだから。ふたりの関係があればこそ、ティリオンは旅路のつぎの段階に進むまで生き延びて、〈狭い海〉（ナロー・シー）を渡って帰ってこられたのだし、ブロンもキングズ・ランディングまでいくことになったのである。の

ちにブロンは、片手を失った（ティリオンの兄）ジェイミーに剣の稽古をつけ、ともに戦うことになる。
　ポドリック・ペインはブラックウォーターの戦いで従士としてティリオンに仕え、サーセイの仕組んだ暗殺計画からティリオンを救った。その礼として、ティリオンはポドリックを娼館にいかせてやる。だが、ポドリックは礼など必要としていなかった。名誉を重んじるティリオンの心を尊敬し、忠誠心でもってティリオンに報いようとしていたからだ。ポドリックにしてみれば、ティリオンが捕まったあとで不利な証言をするのはたやすかっただろう。だが、ポドリックは証言を拒んでキングズ・ランディングにとどまり、ティリオンにむりやり王都から退去させられる。この律儀な忠誠心は、のちにタースのブライエニーに稽古をつけてもらうときにも見られる。いっぽうティリオンは、キングズ・ランディングに味方がほとんどいない中、自分を支えてくれたポドリックに好意を持つ。
　のちに〈竜舎〉（ドラゴンピット）での休戦会議で再会した三人は、たがいへの恩の貸し借りを懐かしく語りあう──まるでこれが今生の別れでもあるかのように。だが、三人とも死ぬことはなく、ティリオンとポドリックはウィンターフェル城の戦いを生き延び、ブロンはティリオンとジェイミーに対する恩恵の見返りでハイガーデン城の城主となる。デナーリスに破壊しつくされた王都の瓦礫（がれき）の前で呆然と立ちつくしていたのも三人に共通する要素だ。やがてブランの〈王の手〉となったティリオンは、ブロンを大蔵大臣に、サー・ポドリック・ペインを〈王の楯〉（キングズガード）の一員に任命し、借りを返す。それぞれに新しい役目を担って、この似つかわしくない取りあわせの三人は、未来へと歩みだしたのである。

89

> 「おれたちの門を
> たたこうとはいい度胸だ。
> ぶっ殺してやろう」
>
> ティリオン・ラニスター

ウェスタロスの絆

デナーリスとティリオン

　父親と元恋人を殺したのち、〈狭い海〉を渡ったティリオンは、最初は飲んだくれ、途方にくれていた。そんな彼をペントスで迎えたのがヴァリスだった。ヴァリスはティリオンに大きな目的を与え、ミーリーンへ赴いてデナーリス・ターガリエンの大義に加わるよう勧める。デナーリスはウェスタロスの未来にとっての希望であり、ヴァリスの見るところ、そのデナーリスが〈鉄の玉座〉を求めてウェスタロスに船出するために必要な最後の駒、それがティリオンだったのである。デナーリスとティリオンの関係は、双方に目的意識をもたらすことになる。

　ティリオンは当初、ヴァリスの申し出に二の足を踏んだ。ターガリエン家が狂気を宿しがちなことを知っていたからだ。デナーリスのほうも、ラニスター家の一員を受けいれることに難色を示し、はじめて会ったときには、ラニスター家の者に殺された父王の報復としてティリオンを殺しかけたほどだった。だが、ふたりはたがいに、相手が自分にとって必要な存在であることを認識していた。デナーリスはウェスタロスの情勢や戦略・戦術の知識を与えてくれる人材がほしいし、ティリオンは生きる目的──キングズ・ランディングに残してきた目的意識がほしい。ミーリーンにおいて、ふたりはより深く相手のことを知り、たがいに敬意をいだくようになる。やがてついにエッソスを旅立つ準備ができたとき、デナーリスはティリオンを〈女王の手〉に任命するが、これはごく自然な成りゆきだった。ティリオンは信頼できる政治や軍事の顧問であり、ウェスタロスへいたる戦役の最終段階を率いるのにふさわしい人物だからだ。

　しかし、ウェスタロスに上陸すると、デナーリスとティリオンの緊張が表面化する。ティリオンはデナーリスに対し、あまり過激な行動をとってはいけない、それは無用の対立を生み、女王の立場と同盟軍の立場を弱くする、と諫める。ここは運命の糸車を壊すのではなく、まわすようにと望んだのである。デナーリスはこれに怒り、ティリオンが元々は自分を放浪に追いこんだ一族の一員であることを思いだして、疑念を深めていく。

　ウィンターフェル城の戦いに加わったのち、デナーリスは目標を〈鉄の玉座〉奪還に定め、いったんドラゴンストーン城へ帰還した。そこでユーロンの水軍から奇襲を受け、レイガルを殺されたうえ、デナーリスの船団も襲撃され、ミッサンデイを捕われてしまう。にもかかわらず、ティリオンがキングズ・ランディングでサーセイと和議を結ぶように進言したのは、サーセイが腹の中の胎児を守るため、激しい戦いは避けると踏んでいたからだ。デナーリスはこの助言を容れるが、それはミッサンデイの死を招く結果となり、すでにかぼそくなっていたティリオンとデナーリスの絆は、ここにおいて完全に絶たれてしまう。

　デナーリスがキングズ・ランディングを炎上させたとき、ティリオンは現実を──自分の助言ではデナーリスに内在する破壊的な暴力衝動を抑制できなかった事実を突きつけられる。どんな犠牲を払ってでも権力を握るというデナーリスの行動は、当初、彼が抱いた懸念を裏づけるものだった。ティリオンは暗澹たる思いで女王への反逆に踏みきり、かつての盟友ジョン・スノウにデナーリスを殺すよう働きかけ、ともに歩んできた旅を悲劇的な末路へ向かわせる。

「死ねば
玉座を
勝ち取れません。
死ねば
運命の糸車を
壊せません」

ティリオン・ラニスター

DAENERYS TARGARYEN

デナーリス・ターガリエン

デナーリス・ターガリエンは狂王エイリス・ターガリエンの王女である。父王はロバートの反乱時に殺された。反乱の最終段階で誕生したデナーリスは、兄ヴィセーリスとともにエッソス大陸へ送られる。兄がウェスタロスに帰還して〈鉄の玉座〉を取りもどす日を期し、保護を求めて落ち延びたのだ。ウェスタロスの女の多くがそうであるように、デナーリスの役目も政略結婚の道具となることであり、ドスラク人の族長(カール)ドロゴのもとへ軍事支援目あてに嫁がされた。だが、ほどなく、デナーリスを脅かした責を問われて、ヴィセーリスはドロゴに殺されてしまう。この時点で、デナーリスは自分が〈鉄の玉座〉の正当な継承者だと思うようになり、想像もおよばなかった未来と向きあうことになる。ターガリエン家の名においてウェスタロスを統治すること──それに値する真の指導者となるための旅で、デナーリスは数々の困難な選択を強いられ、大きな代償を払って苛烈な戦士に変貌していく。

玉座をめぐるゲームにおいて、当初、一介の駒でしかなかったデナーリスは、急速に周囲の状況を司る人物へと変化した。ドロゴの族長妃（カリーシ）としてドスラク文化を受けいれ、ドスラクのことばを学び、やがては部族の称賛と敬意の対象にもなった。ドロゴが重傷を負ったさいには、命を救うために困難な決断をつぎつぎに下すが、結局は失敗し、その過程で腹の子供も失ってしまう。ドロゴの死後、デナーリスは自分のもとを去らなかった部族の者を導くと約束したうえで、結婚式で贈られた三つのドラゴンの卵を抱き、ドロゴの亡骸を燃やす火葬壇に踏みこんでいく。信じられないことに、火勢が衰えたのち、火傷ひとつ負わぬまま発見されたデナーリスのもとには、孵（かえ）ったばかりの三頭のドラゴンがいた。それはこの時代の人間がはじめて目にするドラゴンだった。炎の中から生まれたドラゴンたちは、デナーリスの持って生まれた力だけではなく、本人がみずからの意志で炎の中に踏みこんだことで得られた力をも象徴する。
　デナーリスは、〈狭い海（ナロー・シー）〉を越えるために船団を、ウェスタロスを征服するために軍勢を必要としていた。エッソスで傘下に収めた〈穢れなき軍団（アンサリード）〉は、奴隷使いたちに仕えるべく訓練された奴隷兵士の集団で、きたるべき征服のためにうってつけの軍勢に思えた。だが、デナーリスは奴隷制度に強く反対し、〈穢れなき軍団〉を奴

隷として購（あがな）うかわりに、奴隷の身分から解放し、〈奴隷商人湾〉の奴隷使い打倒を呼びかけ、みずからの自由意志で彼女の戦いに参加させる。しかし、奴隷解放後は各都市を統治せざるをえず、過激な抵抗を示す旧支配層の残党との熾烈（しれつ）な戦いに追われだす。最終的な解決手段は敵をみな燃やしてしまうことだった。奴隷使いたちも、成りゆきで自分を捕まえたドスラクの指導者たちもだ。かくしてデナーリスの最初の統治は不完全燃焼の形で終わる。善意をもって統治に着手したが、結局は力と恐怖で押しきったのだから。

ウェスタロスに着いたデナーリスは、その後も指導力を試される。政治的同盟者たちが敗れていくなかで、自分に臣従を誓ったジョン・スノウの要請に応え、〈夜の王（ナイト・キング）〉およびその軍勢と戦うために北部へ向かうことを承知したにもかかわらず、ウェスタロスの人間は彼女を女王として受けいれようとせず、あまつさえ、ジョンを王にかつぎあげようとしたのだ。ジョン自身は王になるつもりなどなく、それは自分がターガリエンの血を引いていて、玉座の正当な継承権があるとわかったあとでも変わらない。それでも、ひとり、またひとりと重要な同盟者は失われていき、さらにデナーリスは、ジョラー・モーモント、ミッサンデイ、ドラゴンのレイガルの死を目のあたりにする。そのうえ、もっとも近しい者たちの心が離れていき、自分に対するジョンの愛情さえも薄れてゆくのを感じていた。

サーセイが降伏を告げる鐘がキングズ・ランディングに鳴り響いたとき、デナーリスは生き残った最後のドラゴンに乗り、祖先の築いた赤の王城（レッド・キープ）を見おろしていた。彼女の心中には、もはや恐怖による支配しかない。キングズ・ランディングの住民は正当な王統であるターガリエン家をこの国から追いだしたうえ、いまもサーセイを女王として受けいれている。かくなるうえは、力ずくで王都を解放し、正当な所有者である自分のもとに収め、こんどこそ運命の糸車を打ち砕くまで——。それがデナーリスの決意だった。

この恐ろしくも悲劇的な決意は、ターガリエンの血統に流れる狂気——かつて父親をも呑みこんだ狂気だけでは説明できない。主たる原因は、デナーリスがここにいたるまでに直面してきた困難の数々や、つぎつぎに失われていく関係、そしてウェスタロスの民に歓迎されず、自分の指導力が受けいれてもらえるとの期待が報われなかったことにある。ジョン・スノウはデナーリスの心臓にナイフを突きたてるが、これはウェスタロスを救うのと同時に、デナーリスを自分自身から救うためでもあった。なぜなら、彼女はもはや"解放"を行なわず、ただ死と破壊だけを撒き散らしていたからだ。デナーリスは自分がよりよいウェスタロスを築けると信じていた。しかし、最後の最後になって、〈鉄の玉座〉の人を腐敗させる力の餌食になってしまったのだった。

「わたしは並の女ではない。
夢を見れば、それが叶うのです」

デナーリス・ターガリエン

「わたしのものを取り返す。
炎と血で必ず取り返す」

デナーリス・ターガリエン

ターガリエン家
再興

　ロバート・バラシオンが〈鉄の玉座〉についた時点で、ターガリエン家は過去の栄光を失い、滅亡寸前に陥っていた。ターガリエン王朝はドラゴンの時代に幕をあける。一族は恐るべきドラゴンの背に乗って〈狭い海〉を越え、ウェスタロス全土を恐怖に陥れて大陸を征服したが、その炎は時とともに衰えていく。閉じこめられたドラゴンが衰弱するように、ターガリエン家はすこしずつ、かつての玉座を確立した力を失っていったのだ。ロバートがレイガー太子を倒し、ジェイミーが狂王エイリスを殺した時点で、生き残った王家の人間は子供ふたりだけになっていた。すくなくとも、そう思われていた。そのふたり、ヴィセーリスとデナーリスが〈狭い海〉を越えたのは、家名を断絶させないためだ。なにをしでかすかわからない狂王の不安定性により、ウェスタロスを戦々 競々とさせた一族の家名を受け継いだことで、ふたりは命の危険にさらされたのである。

　長い年月を経てウェスタロスに帰還したデナーリスは、ターガリエン家が正当な権利を持つ〈鉄の玉座〉の奪還をもくろむ。帰還当初の彼女は、恐るべき祖先たちよりも物わかりがよく、情け深い存在のていをなしていた。三頭のドラゴンを連れてはいたが、あとにしてきたエッソスでは解放者であったし、兄ヴィセーリスが欠く"他者を思いやる心"の持ち合わせもあった。だが、恋人となったジョン・スノウの正体がエイゴン・ターガリエン——死んだ長兄レイガーとリアナ・スタークとの隠し子だったと知るや、彼女は計画を練りなおし、考えなおす必要に迫られる。同族との思いがけない邂逅が、デナーリスの政治的・個人的望みを複雑にしてしまったのである。彼女と同様に、ジョンもドラゴンを駆って戦場へ乗りこむことはできる。だが、デナーリスとちがって、ジョンにはスターク家で仕込まれたストイックさと名誉を重んずる気持ちが根づいていた。それに彼には、悪評つきまとうターガリエンの家名を名乗るつもりがなかった。じっさい、ウェスタロスの人間がデナーリスを恐れるのは、ターガリエンを名乗っているからなのだ。

　結局、デナーリスは炎と血で一族の所有物を取りもどすことを誓い、一族の悪名に沿う行動をとる。それはすなわち、王都を焼きつくし、赤の王城(レッド・キープ)の城壁を、一族の紋章にある炎で破壊することだった。

1	2	3	4	5	6	7
ドラゴンストーン城	ペントス	〈ドスラクの海〉	ラザール	クァース	アスタポア	ユンカイ
ロバートの反乱時、デナーリスを身籠っていた母親は、デナーリスの兄ヴィセーリスとともに、ターガリエン家古来の城、ドラゴンストーン城へ退避することを余儀なくされる。デナーリスはここで生まれた。	デナーリスとヴィセーリスはペントスの豪商、イリリオ・モパティスの屋敷に滞在する。そこでデナーリスは、ドスラクの軍事力を提供してもらうのと引き替えに、族長ドロゴと結婚する手配をされる。	ペントスで族長ドロゴに嫁いだのち、デナーリスは部族とともに大草原〈ドスラクの海〉を越えながら、族長妃に必要なドスラクの習俗を学んでいく。いずれはウェスタロスへ進軍するための下準備として。	ドロゴが死ぬと、デナーリスは火葬壇の炎に足を踏み入れたのち、卵から孵ったドラゴンたちとともに現われる。だが、部族の大半は、デナーリスが自分たちの族長妃であるにもかかわらず、彼女のもとを去ってしまう。〈鉄の玉座〉を勝ちとるために、デナーリスはさらに軍勢を探す必要に迫られる。	残った部族の者たちと〈赤い荒野〉を越えたのち、デナーリスはザロ・ゾアン・ダクソスとクァースの黒魔導師たちが仕組んだ罠にはまる。が、デナーリスはドラゴンたちの力を借りて敵を打ち破り、味方となる軍勢を求めて〈奴隷商人湾〉へと旅をつづける。	アスタポアの奴隷部隊〈穢れなき軍団〉への不当なあつかいを嫌悪したデナーリスは、軍団を買い取る計画を放棄し、かわりに奴隷使いの親方たちを殺して、〈穢れなき軍団〉とアスタポアの奴隷たちを解放する。親方たちを殺すさい、彼女がひとことドロゴンにささやいた慄然とする命令は、「ドラカリス」——"炎を吐け"だった。	新たに手に入れた軍勢の力を試すため、デナーリスは〈奴隷商人湾〉の奴隷使いたちを制圧しつづける。この都では、彼女は〈次子〉部隊の忠誠を得て内部に浸透し、都人たちから"ミサ"、つまり"母"として敬慕されるにいたった。

デナーリスの旅路

デナーリスと兄ヴィセーリスが〈鉄の玉座〉を取りもどすためには、まず軍勢と、その軍勢を運ぶ船団が必要だった。ヴィセーリスの死後、デナーリスはその軍勢を求めてエッソス大陸各地をめぐる。その旅路は当人が予想していたよりも困難で長い時間を要した。また、その過程でさまざまな裏切りに遭い、それで得た無情な教訓は、ウェスタロスに帰還したあとも心に宿りつづけた。

8 ミーリーン
圧倒的な力を誇示して〈奴隷商人湾〉を制したのち、デナーリスはこの都を拠点に一帯を統治しようとするが、新たな社会秩序に対する抵抗勢力との抗争に追われ、結局、ユンカイとアスタポアの二都市は、いったん奴隷使いたちの掌握下に戻ってしまう。

9 ヴァエス・ドスラク
ミーリーンの闘技場で奇襲を受けたさい、ドロゴンに救われたデナーリスは、その後ドスラク人に捕えられ、ドスラク唯一の都ヴァエス・ドスラクに連れていかれる。そこでデナーリスは主立った大族長たちを焼き殺し、ドスラク人全体の忠誠を獲得、彼らにミーリーンの防衛を支援させ、最終的にウェスタロスへも同行させる。

10 ドラゴンストーン城
ついにウェスタロスへ船出したデナーリスとその軍勢は、彼女が生まれたドラゴンストーン島に上陸し、城に収まる。彼女はそこで顧問たちと〈鉄の玉座〉奪還の方策を検討し、やがて〈北の王〉ジョン・スノウと手を組む。運命的な関係の始まりである。

11 〈壁〉の向こう
同盟を結んだジョン・スノウとその一隊が、凍てついた湖で〈亡者〉の軍勢に包囲されていると知ったデナーリスは、命の危険も顧みず、ドラゴンたちとともに救出へ向かう。だが、デナーリスとジョンたちがからくも死地を脱したとき、〈夜の王〉の放った槍を受けてヴィセーリオンは死亡し、〈亡者〉化されてしまう。

12 ウィンターフェル城
故郷とは呼びがたい大陸を守るために、デナーリスは命を賭してドラゴンを駆り、〈夜の王〉との戦いをくりひろげ、結果として顧問のひとりであるジョラー・モーモントを失い、軍勢の大半も失ってしまう。それでも、戦いに勝利したのは人間の側で、あとはデナーリスが〈鉄の玉座〉を求めるばかりとなった。

13 キングズ・ランディング
サーセイとラニスター勢が降伏したにもかかわらず、デナーリスは自分と同盟者に不当な仕打ちをされて怒り心頭に発し、無辜の民ごと王都を灰燼に帰せしめる。この行為によって、彼女とターガリエン家の暴力や不安定な過去は強固に結びつく。デナーリスは赤の王城で死亡し、その亡骸は悲しむドロゴンによっていずこかへと運び去られる。

〈ドラゴン湾〉

旧名〈奴隷商人湾〉。〈ドラゴン湾〉は解放奴隷が自由に暮らせることを満天下に示す例証の地となった。この湾ぞいには、何千年にもわたって奴隷使いたちが運営してきた三つの大規模な姉妹都市、ミーリーン、アスタポア、ユンカイが並ぶ。デナーリス・ターガリエンは、最終的に各都市の奴隷使いや親方たちを一掃し、奴隷たちを解放したのち、〈次子(セカンド・サンズ)〉の隊長ダーリオ・ナハリスに後事を託し、キングズ・ランディングへの旅を再開する。

ミーリーン
ミーリーンは〈ドラゴン湾〉に面する三大都市国家のうち、最大の都である。アスタポアとユンカイで奴隷を解放したのち、デナーリスはミーリーンの権力を掌握し、湾岸一帯で奴隷制度を全廃するため、大ピラミッドに居住する。

MEEREEN

YUNKAI

Bay of Dragons

ユンカイ
〈黄の都〉という俗称は、黄色い煉瓦のピラミッドに由来する。ユンカイを支配していたのは、〈賢明なる親方(ワイズ・マスター)〉たちと呼ばれる奴隷商人だった。彼らは黄金と船舶の提供で懐柔しようと試みたが、デナーリスは都に何千といる奴隷の解放を主張してゆずらなかった。

ASTAPOR

アスタポア
〈赤の都〉としても知られるアスタポアは、三姉妹都市のうち、〈ドラゴン湾〉の最南端に位置する。デナーリスが〈鉄の玉座〉奪還のための軍勢として、練度の高い奴隷戦士部隊〈穢れなき軍団(アンサリード)〉を解放したのは、この都でのことである。

ハーピーのシンボル

ハーピーは神話上の生物である。女性の頭と胴体を持ち、腕のかわりに翼を生やし、鳥の尾羽と脚を備える。ハーピー像は最古の文明のひとつ〈ギス古帝国〉のシンボルであり、その末裔である三姉妹都市の支配階級でも権力と独立性のしるしとして用いられた。このシンボルは、細部まで精緻に彫られた彫像や、旗の意匠に見られる。

VISERYS TARGARYEN
ヴィセーリス・ターガリエン

　弑逆されたエイリス・ターガリエン王の、唯一生き残った息子であるヴィセーリス・ターガリエンは、亡命先のエッソスで成長した。その間、ロバート・バラシオンの手にした権力が自分のものであると信じて疑わず、いずれはウェスタロスに帰還して〝王位簒奪者〟ロバートに奪われた玉座を取りもどすことに執念を燃やしつづける。

　だが、権力を求める者がつねに統治者の資質を備えているとはかぎらない。ヴィセーリスは自分が玉座について当然との意識が強く、どうすれば人々がついてくる指導者になれるかを理解せぬまま成長した。妹のデナーリスを強引にドスラク人に嫁がせたのも、姻戚を通じて同盟関係を結べると考えたからだ。計略としては優れていたが、彼はドスラク人の忠誠を得る努力をせず、したがうことを強要したため、だれからもそっぽを向かれてしまう。デナーリスがドスラク人を受けとめ、その習俗を理解しようとしたのとは対照的に、ヴィセーリスはドスラク人を侮辱しただけだった。他者を見くだし、貶めているうちに、自分の評価をも貶めてしまったのだ。これでは彼の戦いにだれもついてこないのもむりはない。

　最終的に、ヴィセーリスは願ってやまなかった王冠を戴いた。ただし、本人が予想だにしなかった形で。ドロゴの手により、融けた黄金の〝冠〟をかぶせられ、見るも無惨に悶死してしまうヴィセーリスのようすからデナーリスは兄が真にドラゴンの血を引いてはいなかったことに気づく。それはデナーリスが冷たく口にするひとこと、「ドラゴンは火では死なない」に如実に表われている。ヴィセーリスとデナーリスは、ともにターガリエンの家名を分かち合ってはいるが、ヴィセーリスの価値は家名にしかなく、それではだれからも尊重されない。〈鉄の玉座〉を要求するには、血筋以上のものが必要だったのである。

KHAL DROGO
族長ドロゴ(カール)

　兄ヴィセーリスの策謀により、ドスラク戦士団の支援を得るため、デナーリス・ターガリエンが族長(カール)ドロゴに嫁がされたさいには、夫のことをなにも知らなかった。ドスラクの一部族の族長(カラザール)(カール)であったドロゴは、見るからに恐ろしげな人物で、背はデナーリスよりずっと高く、一本編みにした長い髪は一度も戦いに敗れた例(ためし)がないことを示している。たがいの言語を解さぬこともあり、ドロゴは当初、権力の座にある人間にありがちなように、デナーリスを強権的にあつかうかに見えた。だが、族長(カール)ドロゴには変化と成長を受けいれるだけの度量があり、妃からものを学ぶと同時に、デナーリスがウェスタロスへの旅を始めるさいし、内なるドラゴンを見いだす手助けをしてくれた。ドロゴとデナーリスとの愛情は相手への敬意に基づくものであり、デナーリスは敬意の証(あかし)としてドスラク語を学び、ドスラクの習俗になじんでいく。
　デナーリスの妊娠後、彼女の命を脅かす事件が起きたとき、ドロゴはドスラク戦士団を率いてウェスタロスに報復戦争を行なうことを誓う。デナーリスが女奴隷に対するドスラク人のあつかい方に異論を唱えたさいには、女たちへの凌(りょう)辱(じょく)をやめさせて、デナーリスの侍女として仕えることを許す。ウェスタロスでは、多くの者が個人同士の関係と指導者としての責任のバランスをどうとるかで苦慮するが、それとは対照的に、ドロゴは教訓を得るたびにその教訓を他の局面でも活かし、家族を大事にする徴候を見せるようにもなる。しかし配下の戦士たちの目には、こうしたドロゴの妥協は弱さの表われと映った。
　やがてドロゴは奴隷ミリ・マズ・ドゥールに毒を盛られる。自分の村がドロゴに略奪されたことへの復讐である。ドスラク文化では弱さは許容されないため、部族の多くの者は悶えるドロゴの(カラザール)もとを去っていく。ドロゴの死後、デナーリスはドロゴが指導者として成長したことを讃え、ふたりで築いてきた道を歩みつづけることを肯定し、残った少数の者たちの前で燃え盛る火葬壇に足を踏みいれる。しかしデナーリスは、消えた炎から火傷ひとつ負(ふか)わずに現われた——しかも、炎の中で孵化したドラゴンたちとともに。ドロゴの族長妃(カリーシ)として学んだ教訓に加え、彼女はここに、ターガリエン王朝の遺産をも手に入れたのだ。ドラゴンのうちの一頭、ドロゴンが夫の名を受け継いだとすれば、デナーリスは夫の魂を受け継いだといえる。その魂を、デナーリスは〈狭い海〉(ナロー・シー)を越えてウェスタロスに持ちこむことになる。

ヴァエス・ドスラク

ドスラク人は遊牧民族だが、それでも各部族が集結する都市を必要とする。大草原〈ドスラクの海〉にある唯一の都市ヴァエス・ドスラクは、全部族が共有する場所(カラザール)として、一般に暴力を肯定する文化でありながら武器の使用を禁じられ、部族間の差異は棚上げされて、もっぱら交易と外交が行なわれる。デナーリスがはじめて族長妃(カリーシ)としての価値があることを証明したのもこのヴァエス・ドスラクだった。ミーリーンの女王となったのち、この都に連れてこられたデナーリスは、〈寡妃の会〉(ドシュ・カリーン)に加わることを拒否したため、族長(カール)たちの前に引き出されてしまう。だが、族長(カール)たちを生きたまま焼き殺し、炎の中から無傷で歩み出たことで、ドスラク人全員を傘下に置く。ウェスタロスへ帰還するさいには、ドスラクの軍勢も引き連れていた。

〈馬の門〉

一対の巨大な牡馬の石像を組みあわせた門。棹立ちになった二頭が前脚を絡ませてアーチ門を形成し、都に入る者はかならずここを通る。〝馬上の戦士〟として知られるドスラク人にとって、馬は重要なシンボルだ。人と馬との密接な関係こそは彼らの社会の基盤といっていい。

市場

都にはふたつの市場がある。東の市場と西の市場である。市場には異国の商人たちがしばしば立ち寄り、商品を売っている。

〈寡妃の会〉
（ドシユ・カリーン）

各部族は定期的にこの都に集まるが、〈寡妃の会〉の女たちはこの都の内奥部に住みついている。全部族から深い尊敬を受ける〈寡妃の会〉は、未来を予言し、潜在的な族長妃を引き入れる役目をになう。会を構成するのは族長（カール）を殺されて寡妃となった女たち。この聖なる女たちは、予言された日において、すべての部族が都に戻り、〈世界に背乗りする牡馬〉（テウン）のもとで統一されるのを待っている。

Dothraki Sea

ドラゴン

　赤の王城(レッド・キープ)の地下深くには、ドラゴンの頭骨がいくつも眠っている。キングズ・ランディングの外周付近にある廃墟同然の〈竜舎(ドラゴンピット)〉にもだ。かつてウェスタロスを震撼させた巨大魔獣の存在を偲ばせる名残(なごり)は、もはやこれだけしかない。そのむかし、ターガリエン一族はウェスタロス征服にドラゴンを用いた。が、征服後のドラゴンは本来の気性の荒さが災いして〈竜舎〉に閉じこめられ、徐々に絶滅への道を進み、ついにはドラゴンの時代の終焉(しゅうえん)を迎えた。

　この状況は、デナーリス・ターガリエンが燃え盛る族長(カール)ドロゴの火葬壇に踏みこみ、炎で卵から孵(かえ)った三頭のドラゴンとともに座しているところを発見されたことで一変する。ドロゴとの結婚式にさいして、ターガリエンの往時を思いだすよすがにとイリリオ・モパティスから贈られたこの卵は、こうしてデナーリスの未来となり、ウェスタロスにドラゴンの時代を再来させるきっかけとなった。

ドロゴン

乗り手：デナーリス
体　長：三頭の中で最大
体　色：ダークグレイと赤
目の色：赤

三頭のうちで最大のドラゴンであるドロゴンの名は、デナーリスの死んだ夫ドロゴに由来する。デナーリスとの絆はほかの二頭よりも強い。ミーリーンでは〈ハーピーの息子たち〉による襲撃からデナーリスを救っている。デナーリスがウェスタロスに帰還してからも、やはりドロゴンに乗って戦場に赴いた。〈壁〉の北へジョン・スノウたちを救出しに向かったさいに乗っていたのもドロゴンであり、ウィンターフェル城で死者の軍団と戦ったさいにデナーリスを守ったのもドロゴンだ。しかしドロゴンは、デナーリスの命令で破壊の権化と化し、王都の無辜(むこ)の民に死をふりまいた。デナーリスの死後は、彼女を血迷わせた〈鉄の玉座〉への復讐として炎の息吹(ブレス)を吐き、玉座そのものを融かしている。そののち、ドロゴンはデナーリスの亡骸とともにいずこかへ飛び去った。以後の行方は杳(よう)として知れない。

状　態：生存

レイガル

乗り手：ジョン・スノウ

体　長：ヴィセーリオンとほぼ同じ、ドロゴンより小さい

体　色：緑と赤褐色

目の色：緑

ミーリーンにおける奴隷使いたちとの戦いにさいし、"母"であるデナーリスや兄弟とともに戦ったレイガルは、のちに〈壁〉の北で〈白き魔物(ホワイト・ウォーカー)〉や〈夜の王(ナイト・キング)〉との戦いに臨む。そのさい、兄弟のヴィセーリオンを失ったが、ほどなく自分の名の由来となったレイガー太子の息子、ジョン・スノウを乗り手として受けいれる。だが、ウィンターフェル城の戦いで傷を負い、ドラゴンストーン城へ帰還する途中、鉄水軍(くろがね)の小弩砲(スコーピオン)に貫かれて死亡した。その死は〈ドラゴンの母〉を怒り狂わせ、彼女を報復の道へひた走らせることになる。

状　態：死亡

ヴィセーリオン

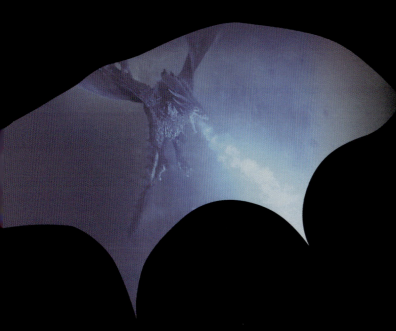

乗り手：〈夜の王(ナイト・キング)〉

体　長：レイガルにほぼ同じ、ドロゴンより小さい

体　色：元は赤褐色と金色、死後は青灰色

目の色：元は緑、死後は明るい青

ヴィセーリオンは〈壁〉の北で兄弟らとともに〈亡者(ワイト)〉の群れと戦っていたが、〈夜の王〉が放った槍を受けて凍てついた湖に落ち、沈んでしまう。湖底から死者の軍団によって引きあげられたヴィセーリオンは、〈夜の王〉の力で炎のドラゴンから氷(アイス)のドラゴンに変貌、強力な破壊兵器と化し、〈壁〉を破壊して、〈白き魔物(ホワイト・ウォーカー)〉がウェスタロスになだれこむことを可能にした。アンデッド化したヴィセーリオンはウィンターフェル城の戦いでも猛威をふるうが、アリアが〈夜の王〉を殺したとき、〈亡者〉化したすべての人間や獣とともに消滅する。

状　態：死亡

エッソスの戦士たち

　ヴィセーリスとデナーリスのターガリエン兄妹は、〈鉄の玉座〉の継承権を持つと信じていたが、それを可能にする軍勢を持っていない。ゆえに、デナーリスがウェスタロスの女王になる目が出たのちは、西へ侵攻するための軍勢を探す必要に迫られる。ウェスタロスの軍勢が貴族主体であり、政治的同盟を通じて結びついているのに比べて、デナーリスがエッソスで見つける軍勢は組織としての結びつきがはなはだ弱く、その忠誠を得るには注意深い交渉が必要になる。

  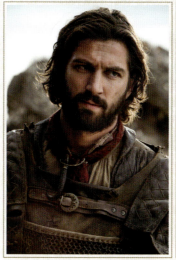 

ドスラク人

ヴィセーリスは族長ドロゴと取引をしたのであって、ドスラク人全体と取引をしたわけではない。ドスラク人はいくつもの部族に分かれ、果てしなく広がる大草原〈ドスラクの海〉を移動する遊牧民族だ。族長が束ねる部族は剽悍な戦士の集団で、女も子供も部族とともに旅をする。ドロゴは数多い族長のうちのひとりにすぎない。族長の権力はその強さに依存する。デナーリスは自分に圧倒的な強さがあることを、ヴァエス・ドスラクの燃え盛る〈寡妃の会〉の神殿から無傷で現われたことで証明し、女族長としての指導力のもと、ドスラク人を統一、ウェスタロスに侵攻できる一大軍勢に仕立てあげた。その多くはウィンターフェル城の戦いで死んだが、生き残った戦士たちはキングズ・ランディングへ騎行し、デナーリスの王都破壊に加わる。

〈穢れなき軍団〉

〈穢れなき軍団〉の強さに疑いを持つ者はいない。アスタポアで奴隷として育てられ、兵士として訓練された彼らは鉄の規律を持ち、欲、苦痛、各種の潜在的誘惑に影響されない、理想的な戦闘集団である。しかし、その規律は自由と引き替えにたたきこまれたものであり、デナーリスはそのような軍隊を金で購うことにも、兵士を奴隷としてあつかうことの倫理性にも苦悩する。問題の打開策として、デナーリスは彼らを奴隷から解放し、行動をみずから決める組織に改めさせた。依然として鉄の規律を維持したまま、〈灰色の蛆虫〉をはじめとする指揮官たちの努力もあり、自分を自分の主人とする意識を確立した彼らは、ウェスタロスを目差すデナーリスの旅にみずからの自由意志で同行する。ウィンターフェル城の戦いでは命をかけて奮戦し、その後のデナーリスによるキングズ・ランディング攻撃では、女王の尖兵として王都に突入した。女王が死んでのちは自由な民として船出する。

〈次子〉

傭兵部隊〈次子〉に忠誠心というものはない。これはエッソスで活動するとの傭兵部隊にもいえることである。傭兵の武力は金で売り買いでき、より高い報酬を提示すれば簡単に寝返る。デナーリスはユンカイ攻囲時に〈次子〉と対峙したさい、そこにつけこんで味方に鞍替えさせた。傭兵部隊との同盟関係は本質的にリスクを孕む。〈次子〉がデナーリスに忠誠を誓っているのは、隊長のダーリオ・ナハリスが彼女に恋慕しているからにほかならない。一帯の平定後、〈次子〉は〈ドラゴン湾〉（旧名〈奴隷商人湾〉）の治安維持のため、あとに残る。

〈黄金兵団〉

〈次子〉と同じく傭兵部隊である〈黄金兵団〉は、サーセイ・ラニスターが雇った。自分がすわる〈鉄の玉座〉を、侵攻してくるターガリエン勢から守るためである。が、ドロゴンの炎によって〈黄金兵団〉はたちまち敗れ去り、ドラゴンとその女王の前には通常兵力が無力であることを露呈する。

闘技場で〈ハーピーの息子たち〉から襲撃されたデナーリスがドロゴンに乗っていずこかへ飛び去ったあと、〈奴隷商人湾〉の旧支配者たちはミーリーン奪還の兵を興し、デナーリス側をはじめて守勢に立たせる。だが、ドロゴンを連れて帰還したデナーリスは、ヴィセーリオン、レイガルとともに親方たちを焼き殺して決定的な勝利をあげ、大部隊を乗せてウェスタロスに侵攻できる大船団を手に入れる。

オールドタウン

七王国最古にして二番めに大きな都市オールドタウンは、膨大な知識が蔵された場所として知られる。〈知識の城〉で学ぶサムウェル・ターリーは、ここでさまざまな発見をする。灰鱗病(グレイスケール)の治療法、ドラゴンストーン島にドラゴングラスがあること、リアナ・スタークとレイガー・ターガリエン太子が密かに結婚していた事実などだ。ジョラー・モーモントが生き延びられたのは、サムが治療法を発見したおかげだし、ウィンターフェル城の〈大いなる戦い〉ではドラゴングラスが防衛の要(かなめ)となり、秘密の結婚の件はジョン・スノウの真の両親を知る決定的証拠となった。

〈知識の城〉(シタデル)

〈知識の城〉(シタデル)は学術の総本山であり、世界じゅうの著書を集めた広大な図書館を持つ。創立されたのは何世紀も前で、ウェスタロスに知識を普及させるのが設立の目的だった。〈知識の城〉(シタデル)は学匠が作る〈学会〉の本拠地で、さまざまな学問を修養してメイスターになるため、各地から遠路はるばる志望者がやってくる。メイスターの役割は、できごとの記録をつけ、真理を発見し、知識を保存することだ。だが、やがてサムが気がつくように、メイスターは伝統にとらわれすぎ、しばしば固陋(ころう)になりやすい。

OLDTOWN

BRAAVOS

〈黒と白の館〉

〈数多(あまた)の顔を持つ神〉を中心に祀(まつ)る神殿。〈顔のない男たち(フェイスレス・メン)〉として知られる宗教的暗殺組織の本拠でもあり、アリアはここで暗殺者になるための訓練を受ける。ウィアウッド製と思われる黒と白の玄関扉の中には中央広間があり、その周囲にはさまざまな宗教の神像が立ち並んでいる。〈顔のない男たち(フェイスレス・メン)〉の信仰では、これらはすべて死神像であり、〈数多の顔を持つ死の神〉の投影にほかならない。神像のなかには、〈七神正教(せいきょう)〉の〈異客(まれびと)〉、森の古き神々を表わす顔を彫られたウィアウッドの樹、鉄諸島の〈溺神(できしん)〉、〈光の王(ロード・オブ・ライト)〉を表わす燃える心臓、クォホールの〈黒き山羊(ブラック・ゴート)〉、イ・ティの〈夜の獅子〉、ライスの〈落涙の淑女〉なども含まれる。

ブレーヴォスのタイタン像

高さ120メートルを誇る、とてつもなく大きな巨神像は、ブレーヴォスの港の象徴であり、港の入口を守る役目を帯びる。内部に見張りと武装兵が詰めるタイタン像は巨大な陸標でもあり、しばしばこの都市のシンボルに用いられる。

〈鉄の銀行〉

ブレーヴォスがまだ"秘密の都市"であったころに創立された〈鉄の銀行〉は、世界でもっとも資金力のある銀行である。ロバート・バラシオン王の時代から、〈鉄の銀行〉は〈鉄の玉座〉に融資してきた。その融資先はウェスタロスとエッソスの各地におよぶ。銀行は本来、鉄の鉱床の跡地に建てられたもので、その後、本店はよそへ移動したが、大金庫はまだ発祥の地に残されている。

ブレーヴォス

ブレーヴォスは自由諸都市中、もっとも裕福でもっとも強力な都市である。何百という小島で構成され、島同士が石橋でつながるこの都市は、そのむかし、ヴァリリア人の捕囚となっていた者たちが船を奪って脱出し、ひそかに建設したものだ。今日のブレーヴォス人は航海者として名を馳せるほか、すぐれた剣士も輩出する。また、住民の多様な出自を反映して、百種類以上もの神々を奉ずる。

JORAH MORMONT
ジョラー・モーモント

　かつてウェスタロスの騎士であったジョラー・モーモントは、かならずしも名誉を最優先する人間だったわけではない。借金返済のため奴隷売買に手を染めた廉で熊の島(ベア・アイランド)を追放されたジョラーは、エッソスにおけるターガリエン家の警護と教育の係を引き受けるが、そのじつ裏では、兄妹の状況をひそかにヴァリスへ報告する役目を帯びていた。だが、デナーリスに対する敬意と愛情は日増しに深まっていき、やがて動向を報告する密偵行為をやめ、彼女のもっとも信頼厚い顧問のひとりとなる。

　ウェスタロスをめざす旅の初期において、デナーリスにとってのジョラーの価値は、本質的にジレンマを孕(はら)むものだった。ジョラーは法を破ってウェスタロスを追放された身だが、デナーリスにしてみれば、ウェスタロスに乗りこんだときに備えて現地の知識を教えてもらえる人物は、そのジョラーしかいないのだ。しかし、顧問としての役割は、ジョラーの心にリハビリ的な効果をもたらす。以前の自分が無視した教訓を教えるうちに芽生えてきたのは、デナーリスならば自分が決別した社会よりも良い社会を築けるのではないかという希望だった。ヴァリスは密偵行為と引き替えに恩赦を約束したが、ジョラーはそれを拒否し、デナーリスのもとに留まることを選ぶ。彼はついに、名誉ある目的を見つけたのである。

　デナーリスに対するジョラーの献身、および愛の告白は悔悛(かいしゅん)の一種であり、裏切りが発覚して顧問の任を解かれたことは、贖罪(しょくざい)の機会を失ったことを意味する。のちに娼館で出会ったティリオン・ラニスターを攫(さら)ったのは、仇の一族である彼を突きだすことにより、デナーリスの赦しを得るためだった。だが、デナーリスのもとへ向かう旅の途中、ふたりは石化人(せきかびと)(ストーンマン)の攻撃を受け、ジ

ョラーは自分が灰鱗病(グレイスケール)に感染したことを知る。ジョラーはその後、罹患(りかん)を隠しつつ、ティリオンをデナーリスのもとへ突きだしたが、ふたたび追いはらわれてしまう。それでもなお、彼はあきらめようとせず、闘技場で生死を賭けて戦う闘士に志願し、デナーリスの近くに留まりつづける。その甲斐あって、デナーリスが闘技場で〈ハーピーの息子たち〉から襲撃を受けたときにも助けに加わることができたし、デナーリスがドスラク人に捕まったときにも救出に駆けつけることができた。

　二度追放されたにもかかわらず、二度戻ってきて命を救ったジョラーは、デナーリスの信頼を勝ちとり、ウェスタロスへの同行を期待される。だが、不治の病とされる灰鱗病に罹患していることをデナーリスに告げると、なによりも病気の治療に専念し、治ってからまた戻るよう命じられた。その後、オールドタウンへいき、サムウェル・ターリーの治療を受けて快癒したジョラーは、ふたたびデナーリスに仕える栄誉を得たのち、〈亡者〉(ワイト)捕獲のため〈壁〉の向こうへ赴く。

　追放されて以来、はじめてウェスタロスの地を踏んだジョラーは、過去のしがらみといっさいかかわろうとせず、ジョン・スノウが父ジオー・モーモントの剣〈長い鉤爪〉(ロングクロー)を返そうとしたときもこれを断わった。かつての生を取りもどすより、デナーリスに身命を捧げ、彼女に忠誠を示すことがジョラーの生きがいなのだ。ウィンターフェル城の戦いでは、〈夜の王〉(ナイト・キング)の軍勢からデナーリスを守ることに死力を尽くし、ついには戦死をとげる。こうしてジョラーは、デナーリスの命を救うことには成功した。しかし、のちに明らかになるように、倫理的価値観を女王に滲透させることには失敗したのだった。

127

灰鱗病
グレイスケール

奇病・灰鱗病に冒された者は、何年もかけて皮膚がゆっくりと死んでいき、厚皮化し、ひび割れ、ついには石化したような外見を呈する。感染力は非常に強く、初期の段階でこの病気を生き延びた罹患者は石化人(ストーンマン)と呼ばれ、僻地に追放される。

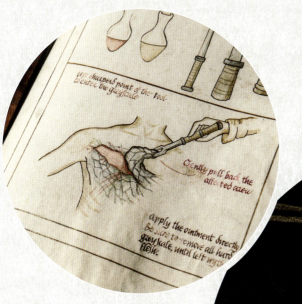

物語にはじめて登場する灰鱗病罹患者はシリーン・バラシオン。幼時に感染したが、早期に発見されたため、顔の一部が灰鱗化するだけですんだ。

末期灰鱗病罹患者がいたる状態は、ティリオンとジョラーがエッソスの古ヴァリリア地方を船で遡上するさいに遭遇した石化人(ストーンマン)の姿に表われている。その肉体は変貌し、精神はもはや存在しない。石化人に腕をつかまれたジョラーは、灰鱗病の感染力の強さを、身をもって痛感することになる。

しかし、灰鱗病は天敵と出会う。サムウェル・ターリーである。オールドタウンの隔離病室でジョラーと出会ったサムは、危険だからと大学匠(アーチメイスター)に禁じられたにもかかわらず、治療法発見に取り組む。治療法は図書館の蔵書に見つかった。だが、治療のためには、罹患者に多大な苦痛と忍耐が要求されるし、治療者には感染の危険がともなう。サムは書物に入念に記された指示にしたがい、吐き気をもよおしながらも、病変組織の切除に成功して、ジョラーを延命させた。この経験から、サムは貴重な教訓を得る。知識に対するメイスターの接し方が保守的すぎることだ。サムと同じく進取の姿勢で取り組むメイスターがもっといれば、灰鱗病の治療法はもっと前に確立されて、シリーン、石化人たち、その他おおぜいの罹患者が救われていたかもしれない。

ウェスタロスの絆

ミッサンデイと〈灰色の蛆虫(グレイ・ワーム)〉

側近となる顧問を集めるにあたり、デナーリス・ターガリエンは解放した奴隷に権力を与えるところから始めた。〈穢れなき軍団(アンサリード)〉には自分たちの意志で〈灰色の蛆虫(グレイ・ワーム)〉を最高指揮官に決めさせ、通訳だったミッサンデイをもっとも信頼厚い顧問に取り立てて、両者を側近中の側近とし、新たに得た自由に適応させたのだ。それぞれがデナーリスの信頼に応えようと努めるいっぽうで、ミッサンデイと〈灰色の蛆虫(グレイ・ワーム)〉のあいだには、自由の身ではじめて得られる関係が育ちはじめる。しかし、それぞれの生い立ちがもたらした心の傷により、その関係は複雑なものになった。

デナーリスの側近として密接に連携するうちに、〈灰色の蛆虫(グレイ・ワーム)〉とミッサンデイがたがいを支え合うようになるのは当然の成りゆきだった。〈灰色の蛆虫(グレイ・ワーム)〉が〈ハーピーの息子たち〉による襲撃で重傷を負ったさい、床に伏せる彼につきっきりだったのはミッサンデイだ。このときはじめてふたりはキスをし、奴隷時代には、そして去勢された身では、絶対に経験するはずのなかった道を歩みだす。〈灰色の蛆虫(グレイ・ワーム)〉がキャスタリーの磐城(ロック)攻囲に派遣されたさいには、自分の命を失う覚悟ばかりでなく、ミッサンデイと分かち合った生を失う覚悟をも固めていた。思いはミッサンデイも同様だった。〈灰色の蛆虫(グレイ・ワーム)〉のことを、自分が経験してきたつらさを理解してくれるうえ、デナーリスとの絆も分かちあい、心の支えになってくれる者と見ていたからである。デナーリス軍がウェスタロスに到着して以来、戦争の重圧が重くのしかかる中、ふたりがたがいに見いだす親密さは、戦争という暗闇における光明となる。しかしそれは、ふたりが見る最後の光明だった。ふたりのような人間に慣れていない北部人からは冷たい目で見られたあげく、ウィンターフェル城の戦いをかろうじて生き延びたのちは、鉄(くろがね)水軍の急襲を受けたのである。そのさい、ミッサンデイはユーロン・グレイジョイの虜(とりこ)となった。デナーリスが降伏勧告を拒否したのを受け、サーセイは王都の囲壁上でミッサンデイを処刑する。この悲劇的な死がきっかけで、王都への激烈な襲撃が始まった。デナーリスはミッサンデイの最後のことば、「炎を吐け(ドラカリス)」にしたがい、復讐に燃えて王都を破壊しつくす。そして、デナーリスがジョン・スノウに殺されたのちは、生き残った〈灰色の蛆虫(グレイ・ワーム)〉が女王の正義遂行をになう。

デナーリスが殺され、ブランが不自由王として王位につくと、〈灰色の蛆虫(グレイ・ワーム)〉はウェスタロスをあとにし、海路ナースへ向かった。ウェスタロスの解放完了後、彼とミッサンデイは故郷ナースに定住するつもりだったのだ。それは儚(はかな)い夢となったが、〈灰色の蛆虫(グレイ・ワーム)〉はその意図を尊重し、獲得した自由のもとに、デナーリスとミッサンデイがいなければけっして手に入らなかった生活に踏みだす。

131

THE SONS OF THE HARPY
〈ハーピーの息子たち〉

　アスタポア、ユンカイ、ミーリーンの三都市を支配する〈奴隷商人湾〉の奴隷使いや奴隷商人の親方たちは、苛酷で苦しい生を強いられる奴隷たちを尻目に、豪勢な暮らしを送っていた。だが、デナーリス・ターガリエンにより、三都市のすべてで圧倒された奴隷使いたちは、もはや公然とは抵抗できなくなる。そこで陰湿な抵抗運動に投入したのが〈ハーピーの息子たち〉だった。黄金の仮面で顔を隠した〈息子たち〉は、平和を確立しようとするデナーリスの努力をテロ活動で妨げ、奴隷制度復活かこの地域から完全に退去するかを強要する。

　〈息子たち〉は小規模なテロをくりかえし、サー・バリスタンをはじめ、おおぜいの民間人と〈穢れなき軍団〉(アンサリード)の命を奪った。奴隷を解放して自由にしておけば、奴隷使いたちの社会的地位が脅かされるからだ。デナーリスは闘奴が民衆の娯楽のために命がけで戦う闘技場を廃止したが、奴隷使いたちはとうとうその再開を呑ませるところまでこぎつける。それでも奴隷使いたちは収まらず、闘技の最中、おおぜいの観客の前で、臨席していたデナーリスを〈息子たち〉に襲撃させ、デナーリスの婚約者ヒズダール・ゾ・ロラクをはじめ、おおぜいを殺させる。デナーリス自身も危ういところだったが、からくも命を長らえたのは、ドロゴンに救われたおかげだった。

　その後、ドロゴンに乗って去ったデナーリスが一時的に行方不明になると、ティリオン・ラニスターは女王代理として奴隷使いたちと和平交渉を行ない、奴隷制の段階的復活を約束する。だが、元奴隷所有者たちは訪れた平和を破り、ミーリーン内で抗争を仕掛けてきた。これは悪手だった。〈ハーピーの息子たち〉による夜毎の闇討ちは、〈奴隷商人湾〉の平和樹立を目差すデナーリスにとっては脅威であったが、白日のもとではなんら脅威ではなく、姑息な攻撃しか能のない敵は、たちまち一掃されてしまう。〈息子たち〉とその黒幕との戦いは、〈奴隷商人湾〉におけるデナーリスの最後の試練となった。この敵との戦いで得た教訓から、清濁を併せ呑めるまでに成長したデナーリスは、いよいよ〈狭い海〉(ナロー・シー)を越えてウェスタロスに向かう。

VARYS
ヴァリス

　キングズ・ランディングで密告者の長として知られるヴァリスは特異な権力を有する。ウェスタロスの典型的な権力構造をなす騎士制度からはほど遠い立場にいるが、ウェスタロスとエッソスの両大陸に〝小鳥〟と呼ばれる膨大な数の密告者のネットワークを築きあげており、それを通じてつねに味方や敵の動向を把握し、王国内外の最新情勢を知りつくしているのだ。ライスで奴隷として生まれた彼は、若いころ妖術師に買われ、魔術的儀式の実験台にされて、死にかけたまま捨てられた。それでも必死に生き延びて、諜報と謀略の才覚を花開かせ、その才覚をもってウェスタロスに渡る。過去、不当にあつかわれた経験から、ヴァリスは平和と繁栄をもたらすために最適の指導者を求めていたのである。

　狂王エイリスのもと、ウェスタロス全体の政治方針を決定する小評議会の一員に任命されたヴァリスは、ロバートの反乱後もその地位を維持できた数少ない参議のひとりである。控えめな外見も手伝って、ヴァリスはなにごとにも出しゃばらず、とくに野望のあるそぶりを見せることもなく、統治者が替わっても淡々と職務をこなしていたからだが、じっさいには、政治に無関心どころではなく、当人が理想とするウェスタロスの未来のため、水面下でさまざまな策を弄していた。タイウィン・ラニスターの死後、キングズ・ランディングをあとにしたのも、ミーリーンにおけるデナーリスの統治を支援するためと、デナーリスのためにドーンやタイレル家との同盟を構築するためだった。ヴァリスは制度としての王権に忠誠を尽くし、ウェスタロスを最良の未来に導けると信じる指導者を支えることに全力を尽くす。

　それゆえ、ウィンターフェル城の戦いのあと、デナーリスの昂ぶった精神状態に最初に懸念を示したのはヴァリスだった。ジョン・スノウの出自が判明したことで、女王の王位継承権が揺らぎ、自分の価値を見失いつつあることに気づいたヴァリスは、新たな指導者への支援体制作りに着手する。彼が王国の名において反逆を働くのははじめてではないが、今回はついに最後となった。側近の中で、デナーリス変質の真相に気づいた者はヴァリスだけしかいない。杞憂ならいいのですが、とティリオンにはいったものの、ほどなくヴァリスは女王から反逆罪で死罪を申しわたされ、ドロゴンに焼かれて死んでしまう。そして、ヴァリスが発した警告は、キングズ・ランディングの破壊を目のあたりにした者たちの心に重くのしかかることになる。

　多くの者が自分の利益を優先する政治環境にあって、ヴァリスは国家のことだけを考えていた。しかしそれだけでは、デナーリスからキングズ・ランディングを救うにも、デナーリス自身からデナーリスを救うにも、不充分だったのである。

1 キャスタリーの磐城放棄

ティリオンが立案したキングズ・ランディング攻略計画は、多方面から揺さぶりをかけるというものだった。その攻撃対象のなかには、ラニスター家の牙城であるキャスタリー・ロック城も含まれていた。〈穢れなき軍団〉は船団で同城攻囲に向かう。ティリオンは、同城はそう簡単に陥ちないと踏んでいたが、ふたをあけてみると、簡単すぎるほど簡単に攻略できた。というのも、ラニスター家が戦力をよそに集中するため、思いがけなく牙城を捨てて立ち去っていたからである。しかも、領地を徹底的に荒廃させていったので、〈穢れなき軍団〉は王都への進軍に支障をきたす。

2 ユーロン参戦

ある霧深い夜、思いがけなくサーセイと同盟を組んだユーロン・グレイジョイの水軍が、油断していたヤーラ・グレイジョイとドーンの軍船団の不意をつき、奇襲をかける。大がかりな海戦の結果、デナーリスの同盟軍船団は潰滅し、ドーンに到着ししだい開始する予定だった攻撃は頓挫する。

3 ハイガーデン城攻撃

キャスタリー・ロック城を捨てたラニスター勢が戦力を集中させた先はハイガーデン城だった。数で劣るタイレル勢は潰滅し、デナーリスのもとにはティリオンの作戦を実行するための軍勢が足りなくなってしまう。ジェイミーと〈茨の女王〉の最後の対面を経て、デナーリスの同盟軍は、ここにまたひとつ消滅する。

ウェスタロス帰還後のデナーリスの戦い

4
戦利品運搬車列襲撃
立てつづけに三度の敗北を喫したデナーリスは事態打開に乗りだす。みずからドロゴンにまたがり、ドスラク勢を引き連れてキングズ・ランディング近郊に布陣し、ハイガーデン城攻略から帰ってきたラニスター勢を迎え討ったのだ。デナーリスはここにおいて、ウェスタロスに帰還してはじめて、ドラゴンの恐るべき力をふるう。

5
ウィンターフェル城の戦い
〈壁〉の北で〈夜の王〉および〈白き魔物〉とはじめて対決したのち、デナーリスはウィンターフェル城を防衛するため北部勢に加わり、残るドラゴンたちを、〈亡者〉化したヴィセーリオンに立ち向かわせる。デナーリスは勝利し、人間勢も死者の軍団との〈大いなる戦い〉を制する。

6
最後の戦い
デナーリスは麾下の軍勢をキングズ・ランディングの門前に待機させ、王都の防衛網を粉砕し、自分と〈鉄の玉座〉をはばむものをことごとく排除する。残るは傲慢なサーセイのみ。そして、サーセイが降伏の意を示したにもかかわらず、デナーリスは顧問たちの意に反して攻撃をつづけ、キングズ・ランディングの大半を灰燼に帰せしめる。デナーリスは恐怖による支配に踏みきり、これが最後の戦いであることを示したのである。すくなくともデナーリスにとっては、それが最後の戦いとなった。

〈未亡人の嘆き〉と〈誓約を守るもの〉
ヴァリリア鋼

ネッド・スタークがジョフリー王の命で処刑されたのち、スターク家に代々伝わるヴァリリア鋼の大剣〈氷〉は、タイウィン・ラニスターの指示で融かされ、二振りの剣に造り変えられる。そのうち、〈未亡人の嘆き〉はジョフリーの結婚式で花婿への贈り物となり、もういっぽうは〈王の楯〉総帥のジェイミー・ラニスターに与えられた。ジェイミーは後者をタースのブライエニーに授け、彼女はこれに〈誓約を守るもの〉と名づける。スターク家の姉妹捜索のため、彼女が北部へ出発するさいのことである。〈未亡人の嘆き〉のほうは、ジェイミーの息子たち、ジョフリーとトメンの死という悲しいできごとののち、ジェイミーの所有となった。

〈長い鉤爪〉
ヴァリリア鋼

〈長い鉤爪〉は、五世紀にわたって受け継がれてきたモーモント家伝来の剣。ジオー・モーモントが〈冥夜の守人〉を率いるため黒衣をまとったさい、息子のジョラーに譲られたが、ジョラーはウェスタロスから追放されたとき、この剣を残していく。後年、ジオー・モーモントは命を救ってくれた返礼としてこの剣の柄頭を熊から狼に変え、ジョン・スノウに譲る。のちにジョラーが〈白き魔物〉と戦うためにウェスタロスへ帰ってきたとき、ジョンは剣を返そうとするが、ジョラーは受けとらなかった。持つべき者の手に渡ったと判断したからである。

〈氷〉
ヴァリリア鋼

スターク家伝来の大剣。儀式に用いられる。

〈猫の爪〉(短剣)
ヴァリリア鋼

〈五王の戦い〉勃発のきっかけは、この呪われたヴァリリア鋼の短剣だった。キャトリン・スタークは、息子のブランを殺そうと差し向けられた暗殺者の手にこの短剣が握られているのを見て、これはティリオン・ラニスターの差し金にちがいないと思いこむ。じっさいには、短剣の持ち主はリトルフィンガーで、この暗殺劇は両家を反目させるために彼が仕組んだものだったが、そうと知らないキャトリンはティリオンを拘束し、七王国を暗く凄惨な運命へと向かわせる。何年ものちに、ブランとアリアがウィンターフェル城へ戻ってきたとき、リトルフィンガーはこの短剣をブランに渡す。それはブランからアリアに渡され、アリアはこの短剣で本来の持ち主であるリトルフィンガーを処刑する。スターク家と北部全体に対する反逆への報いは、ここに果たされたのである。のちにアリアは、ウィンターフェル城の戦いであわやブランを殺す寸前の〈夜の王〉を急襲し、この短剣を相手の心臓に突きたて、みずからと王国を救い、死者の軍団との戦いを終息させる。

ウェスタロスとエッソスの武器

ウェスタロスとエッソスでの戦いは広範囲な系統におよぶ多彩な武器で行なわれる。
ふるう者のニーズに応じて独特の形状を持つ武器も多い。

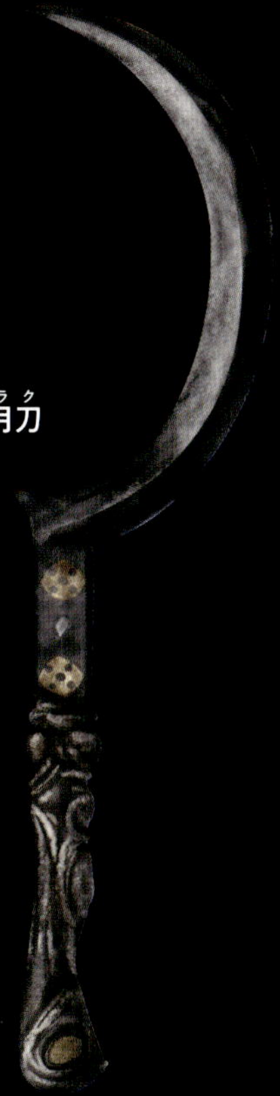

ドロゴの半月刀(アラク)

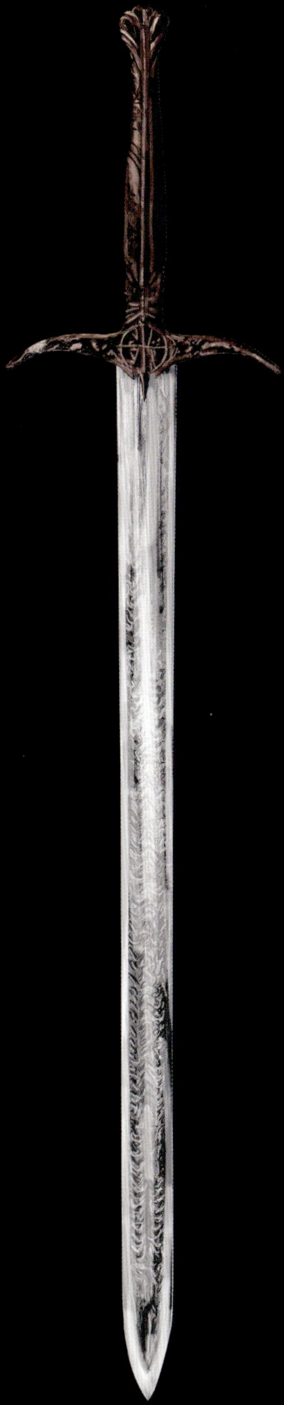

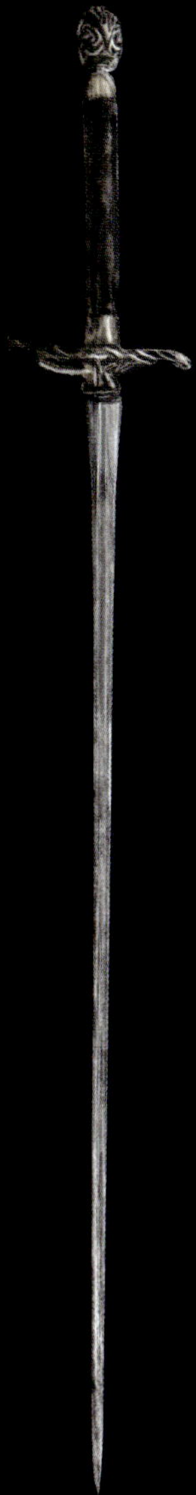

〈針〉(ニードル)
小ぶりの〈針〉(ニードル)は年若いアリア・スタークにぴったりのサイズ。

〈心臓裂き〉(ハーツベイン)

ヴァリリア鋼

北部から帰ってきて、家族との悲惨な晩餐を迎えたのち、サムウェル・ターリーは自分に対する父親の不当なあつかいに対して、ついに挑戦する。玄関扉から外へ出る途中、炉額(ろびたい)に掛けてあった先祖伝来の剣、〈心臓裂き〉(ハーツベイン)を持ちだしたのだ。のちにサムは、ウィンターフェル城の戦いで使うよう、この剣をサー・ジョラー・モーモントに渡している。

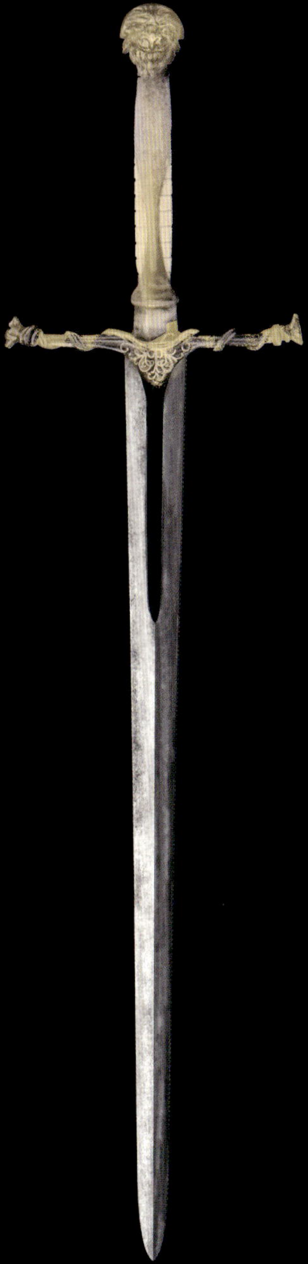

ジェイミー・ラニスターの剣

ジェンドリーの戦鎚(せんつい)

ウェスタロスの絆

デナーリスとジョン・スノウ

　デナーリス・ターガリエンとジョン・スノウとの最初の出会いは、やがてウェスタロスの指導者となるであろうふたりにとって幸先のよいものとなった。デナーリスは玉座奪還を求めて帰ってきた女王であり、ジョンは〈北の王〉として、生ける人間のいかなる軍勢よりも強大な敵を相手にするため、戦力増強を求めていたのである。双方の目的を達するには、複雑な政治情勢と各勢力間の緊張した関係を乗りきらねばならない。次世代の権力を担うこのふたりがその実態をかいま見たのは、このときが最初だった。この邂逅はラブストーリーの始まりでもあるのだが、しかしそこには、ふたりには予想外の血のつながりがあり、それはやがて悲劇的な選択に通じる。

　名誉ある対等の存在としてこの会見に臨んだデナーリスとジョンが恋に落ちたのはむりもない。この段階にいたるまで、どちらも歩いてきた苦難の旅路のことは用心深く明かさずにいたが、ジョンはデナーリスがドラゴンたちを使役して振るう圧倒的な力を──デナーリスはジョンの王国の安寧に対する献身、すなわち〈白き魔物〉と戦うため、自分の命を賭して人間同士の戦いを休戦に持ちこもうとする真摯な姿勢を──目のあたりにする。ゆえに、ふたりの仲は親密さを増し、ジョンとその仲間が〈夜の王〉の待ち伏せに遭ったと知ったとき、デナーリスはジョンの指導力への敬意から、いてもたってもいられぬ思いでドラゴンたちと北部に飛ぶ。

　だが、デナーリスの救援行には犠牲をともなった。〈夜の王〉により、ヴィセーリオンを殺されてしまったのである。ジョンはこの犠牲に忠誠で応え、サーセイとの休戦交渉が破綻する危険を承知でデナーリスに臣従を誓う。この無私の行ないは、デナーリスがエッソスを旅してきたときに行なった数々の決断と同種のものだった。より安易な道に背を向けても自分が正しいと思った道を貫く──

それと同じ決断をジョンは下したのである。この決断によって、相互への敬意は恋情へと深化し、ふたりは北部を守るため、同盟者としてだけでなく、恋人同士としてウィンターフェル城へ到着する。

　しかし、ウィンターフェル城の戦いに先駆けて、ある真相が発覚する。ジョン・スノウは、じつはデナーリスの長兄レイガー太子の息子、エイゴン・ターガリエンだったのである。ゆえに、〈鉄の玉座〉の正当な後継者はジョンということになる。北部諸公がジョンを中心に結束するさまを見たデナーリスは、ジョンが〈鉄の玉座〉を求めることを危惧し、みなに真相を告げないようにと依頼する。デナーリスの指導力に疑念を持つサンサのような者たちに、この事実を利用されないようにするためだ。だが、ジョンとしては、デナーリスを愛してはいても、身内に真実を告げないわけにはいかない。かくしてデナーリスの危惧は現実化し、ヴァリスはさまざまな駒を動かしだす──デナーリスではなく、ジョンを玉座につけるために。

　それでもデナーリスは、ジョンをかたわらに置いてウェスタロスを統治したかった。サーセイの降伏を受けいれず、キングズ・ランディングを焼きつくすことを選んだのち、デナーリスは〈鉄の玉座〉の陰で、手を携えて統治しようとジョンに持ちかける。彼女はふたりで新たなウェスタロスを築けると信じていたのである。デナーリスはジョンを愛している──たとえジョンに信頼を裏切られても。ジョンもデナーリスを愛している──ウェスタロスをこれ以上の戦争と暗黒から救うため、彼女を殺すことを選ぶにしても。

　愛を取れば務めは死ぬが、デナーリスもジョンも必要な選択に恋情を優先させはしない。不幸にして、どのような決断を下すにせよ、ふたりには悲劇的な選択肢しかなかった。いったんは意気投合しても、ふたりはかならず別れる定めの指導者同士だったのである。

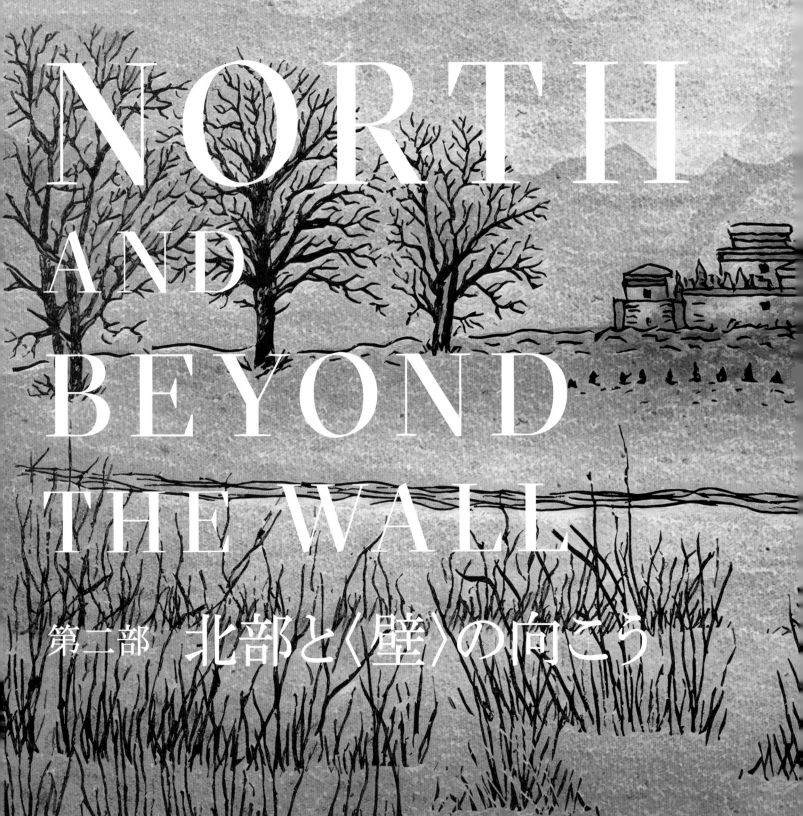

PART II THE NORTH AND BEYOND THE WALL

第二部 北部と〈壁〉の向こう

「冬来たる」

スターク家の標語(モットー)

北部と〈壁〉の向こう

はじめに

　代々、北部総督に任命されてきたスターク家は、領民を保護する責任を持ち、その標語は警告を孕む。「冬来たる」である。ウェスタロスでは、季節は月単位ではなく年単位でめぐり、夏に生まれた者は地平線の彼方から迫りくる苛酷な冬を経験せずに育つ。エダード・〝ネッド〟・スタークの息子たちや娘たちは、このような〝夏の子供たち〟であり、先々、いかに苛酷な戦いが待っているかを知らぬまま、生まれたときから北部の価値観で育てられる。

　あるとき、ロバート・バラシオンがウィンターフェル城を訪ねてきた。この訪問はスターク家と北部全体に絶えざる悲劇をもたらすことになる。以後、ウィンターフェル城の主人は何度も変わり、北部は〈鉄の玉座〉をめぐって権力者たちが指すチェスゲームの駒と化す。また、ネッド・スタークの最年長と最年少の息子は同盟者の手で殺され、娘たちは離散してそれぞれの敵の手で辛酸を舐めさせられ、ネッドとその妃は間近に迫った冬を見ることなく命を断たれる。さらに、〈壁〉がついに〈夜の王〉とその死者の軍団に破壊されたとき、北部は〈大いなる戦い〉の最前線となり、ウェスタロスと究極の破壊とのあいだに立ちはだかる最後の砦となった。

　ネッド・スタークは家族、城、自分自身を守れなかったが、彼が北部に残した教訓はウェスタロス救済の礎となる。拠りどころとするものが自己保存であれ、頑固な決意であれ、北部で苦境を乗り越えた者たち、苛酷な環境を故郷として適応した者たちは、強い独立意識と生存本能で固く結びついている。この北部魂が、生き残ったスタークの子供たちを強くし、いくたの逆境にもめげずに生き延びさせるのだ。さまざまな辛苦を経て、子供たちは変貌し、覚悟を固め、季節の変わり目が訪れるずっと前に、嵐を乗り越えるすべを学んでいく。

　スターク家はとりわけ、権力よりも名誉を重んじる。それがネッド・スタークの死を招いたわけだが、この気高い気風こそは、苛酷な冬を生き延びるうえで有用な要素であることが明らかになる。アリアは復讐よりも家族を優先する。ジョン・スノウは愛と義務と出生の真実とのあいだで苦渋に満ちた選択をくりかえす。ブランは一滴の血も流すことなく統治者の地位につく。サンサは平和裡に北部をウェスタロスから独立させる。北部で育ったことで、スタークの遺児たちは〈鉄の玉座〉の人を腐敗させる力に影響されず、北部、ウェスタロス、その境界の向こうに新たな春の夜明けを見いだせたのである。

北 部

ウェスタロスの七王国中、北部は最大の領域だが、ウィンターフェル城の北部総督のもと、各貴族は固い結束を誇り、そのため面積の割には広さを感じさせない。北部貴族の大部分は、最終的には〈白き魔物〉との戦いのために結集する。物語に登場する時期の大半において、北部は各所で攻囲され、いくつもの大家や城が共闘相手を変えつづけるが、それは"冬の狂風"が吹きはじめるまでのこと。最終的に、サンサ・スタークが北部魂を体現して、ウェスタロスから平和裡に独立させたことにより、北部は独自の道を歩みだす。

最後の炉端城

死者の軍団が〈壁〉を越えて南下を開始したとき、最初に陥とされたのが、北部で最北の城、このアンバー家の牙城だった。若き当主アンバー公は、〈夜の王〉からの宣戦布告として〈亡者〉にされ、城内の壁に打ちつけられていた。

ドレッドフォート城

ウィンターフェル城で捕まったシオン・グレイジョイはドレッドフォート城へ送られる。そこにはやがてシオンを虐待するラムジー・ボルトンが君臨していた。父親の城主ルース・ボルトンが、新北部総督となるべく、ボルトン家の本拠をウィンターフェル城に移そうとしていたからである。〈落とし子の戦い〉でボルトン家が敗北したのち、この城は廃城になる。

Bear Island

 Last Hearth

熊の島

当主ジオー・モーモントが黒衣をまとうために去り、跡を継いだ息子のジョラーは、不祥事が発覚して追放されてしまう。地理的に北部の他地域と一線を画する熊の島だが、〈落とし子の戦い〉で真っ先にジョン・スノウのもとへ駆けつけたのは、この島の一族だった。若き当主、リアナ・モーモント女公は、自分が属する王国の未来を守るため、ウィンターフェル城の戦いで奮戦し、戦死する。

Deepwood Motte

 The Dreadfort

 Winterfell

Moat Cailin

深林の小丘城

グラヴァー家の牙城であるこの城は、北部で鉄の民に奪取されたいくつかの城のひとつだが、ジョン・スノウが〈落とし子の戦い〉で旗揚げをしたさいには、ふたたびグラヴァー家のものに戻っていた。しかし、鉄の民による侵攻にさいし、スターク家から支援が得られなかったことから、グラヴァー公はジョンに味方することを拒否、のちに〈白き魔物〉とその軍勢を迎え討つため、北部の他地域の貴族がこぞってウィンターフェル城に集ったときも、城に留まりつづける。

要塞ケイリン

廃城となって久しい要塞ケイリンだが、いまでも北部と南部を隔てる防衛上の要衝であることに変わりはない。北部侵攻時、鉄の民はこれを占拠したが、ラムジー・ボルトンはシオン・グレイジョイを使って同胞を降伏させ、皆殺しにし、あとは無人のまま放置したため、サンサとリトルフィンガーは、本来ならこの要塞で通行を妨げられている街道を通り、谷間から北部に移動できた。

ウィンターフェル城

スターク家の古き牙城ウィンターフェル城は築城されて数千年を閲し、その間ずっと、当城の城主が北部総督を務めてきた。敷地内にある〈神々の森〉はこの地域に代々伝わる信仰を示すもの。城の地下にある霊廟にはスターク家代々の先祖を象った石像が並んでいる。いったんは他勢力に奪われたウィンターフェル城だが、時間的にぎりぎりのところでスターク家の手に戻り、〈夜の王〉とその軍勢に対する最後の砦の役をになう。北部のほぼ全軍がこの城に集結したのは、みずからの土地を守るためにほかならない。およそ勝てそうにない戦いに勝利したことで、この城と北部には、あと千年は存続する希望が生まれた。

NED STARK
ネッド・スターク

　ロバート・バラシオンがウィンターフェル城を訪れたのは、エダード・"ネッド"・スタークに〈王の手〉就任を求めるためだった。ロバートの反乱以後、北部総督としての務めを大過なく果たしてきたネッドは、この時点で北部諸公から慕われ、領内で満ちたりた暮らしを送りながら、北部を守り、自分が信じる価値観のもと、北部が来たるべき長い冬を存続できるように努めている。ネッドの堅実な生における唯一の汚点は、非嫡出の息子ジョン・スノウを儲けたことと見られていたが、のちにジョンの本当の両親の正体が明るみに出て、ネッドの誠実さと名誉を重んずる心はいっそう鮮明になった。だが、自分の価値観を頑固に貫く姿勢は、大方の称賛を勝ちえるいっぽう、彼を破滅へと導いていく。（訳注：ネッドはエドワードの愛称。エダード EDDARD はエドワード EDWARD の W を D に入れ替えたこの世界特有の名前で、愛称はエドワードのものが用いられている）

　ネッド・スタークはしぶしぶ〈王の手〉就任を了承する。それは王であり友であるロバートへの義務感からだったが、そこにはこの地位を利用して、師であり里親でもあったジョン・アリン横死の真相を探ろうとの思いもあった。しかし、義務がいかなる個人の利益にも優先されていたウィンターフェル城とは対照的に、キングズ・ランディングでのネッドは、自分が生涯を通じて重んじてきた名誉を一顧だにしない、膨大な官僚機構の運営に忙殺される。

　ロバート王に仕えるため王都に到着した時点で、王宮政治が権謀術数の巣窟であり、手を組む相手が頻繁に変わることは明らかだった。ロバート王の死後、ネッドがもっと現実的な男であれば、政治状況の激変により、自分を含めてロバート王に忠実だった者には命に危険がおよぶことを察知し、早々にキングズ・ランディングを脱出していただろう。だが、"正義"は勝つと頑に信じるネッドは、キングズ・ランディング政治に通じた者たちからの、"早急に身の振り方を決めるように"という遠まわしな助言にしたがわなかった。リトルフィンガーを信用したことは、ネッドがキングズ・ランディングの政治力学を見ぬけなかったことをよく表わしている。

　ジョフリーの本当の親について、公に疑問を呈そうと決意した時点で、ネッドが生きてキングズ・ランディングを出られる目はなくなっていた。ネッドを処刑すれば北部諸公の反乱を招くことを承知していたサーセイは、それを避けるため、狡猾にもネッドに〈冥夜の守人〉への追放を持ちかける。このとき、娘のサンサ・スタークが父親の助命嘆願をしたことも手伝って、ネッドは今回も家族の安寧を優先し、サンサに危害がおよばぬよう、ジョフリーの出自を問題化する動議を取り下げる。だが、ジョフリーは性急で傲慢、かつ御しがたい王で、ネッドの父と兄を殺した狂王エイリスに通じるものがあった。公正を要求する群衆の叫びと、しだいに膨れあがるロバートの弟たちの脅威に逆上したジョフリー王は、無謀にもネッドを処刑させる。〈五王の戦い〉勃発の一因である。ネッドがもうすこし名誉にこだわらない人間であれば死ぬこともなかったろうが、結局は、この悲劇において、彼は教訓物語の主人公となってしまったのだ。

　ネッド・スタークの行動は、すべて並はずれた高潔さに基づくものである。ゆえに、物語終盤において、非嫡出子として受け入れた"息子"ジョン・スノウが、じつは妹リアナ・スタークとレイガー・ターガリエンとのあいだにできた子だったと判明したときも、意外に思う者はいなかっただろう。社会的な恥辱をこうむるにもかかわらず、ネッドはその子を"玉座に対する脅威"と見なす者たちから守っていたのだ。ネッドの私利私欲のなさから子供たちが学ぶ教訓があるとすれば、それは"これほど危険な世界において名誉を重んじることには落とし穴がある、それには重々注意せねばならない"ということにちがいない。

Jon Snow

ジョン・スノウ

　ネッド・スタークが妻キャトリンとの子ではない赤子を連れ、戦地から居城に帰りついたときから、ジョン・スノウと名づけられたその子は家族の部外者となる運命にあった。養父や義兄弟妹とは良好な関係を築いたジョンだが、レディ・キャトリンにとっては恥辱の源でしかなく、その出自ゆえに冷遇され、家族と同じテーブルにつくことも許されなかった。そんな不遇をジョンは憤るものの、自分が名誉を重んじる育て方をされていることは認識している。そして、自分にまわってくるとは思いもしなかった役割を演じることになり、落とし子という表向きの立場ではとうてい考えられない、数々の重い責任をになうことになる。

　ジョンが〈冥夜の守人〉に入ったのは、目的を見つけるためだった。"黒衣をまとう"ことで、高名な一族のはみだし者である現状よりましな立場になれると思っていたのである。だが、黒の城(カースル・ブラック)に着いた時点で、ジョンが〈冥夜の守人〉にいだいていた気高い幻想——高貴な生まれの貴族たちが本来の称号と権力を投げ捨て、北部を守るために身命を捧げるという幻想は打ち砕かれる。そこにいたのは、懲罰免除と引き換えに黒衣を選んだ犯罪者や盗っ人、そしてジョンのようなはみだし者ばかりだったのだ。しかも、当初、高貴な家の出身という

「子供の心は殺して、
成人した男の心を
産まれさせなさい」

メイスター・エイモン

絶える。その後、蘇生したのは、メリサンドルと〈光の王(ロード・オブ・ライト)〉の力のおかげだった。宇宙はここに、彼の役割がまだまだ終わってはいないことを示したのである。

その役割とはなにか？ ジョン・スノウが権力を求めたことはない。〈冥夜の守人〉新総帥の選挙でジョンを推したのは、同期の兄弟(ブラザー)サムウェル・ターリーだったし、〈北の王〉としてジョンを迎えるよう北部諸公に推挙したのは、若き女公リアナ・モーモントだった。非嫡出子として育ち、自分にそのような称号は許されないと思っているジョンは、結局は引き受けざるをえなくなるものの、そのつど抵抗を示す。そして、デナーリス・ターガリエンに対しては、自分と北部の忠誠を誓うにいたる。自分がレイガー・ターガリエン太子の実の息子であり、〈鉄の玉座〉の正当後継者であると知ってなお、王位を求めようとは

背景から、ジョンははみだし者の中でもさらにはみだし者になってしまう。それでも、サムウェル・ターリー、ピップ、グレンなどに武術を教えることで、友人はできた。また、ジオー・モーモント総帥から指導者としての薫陶を受け、やがて総帥付の雑士(スチユワード)から昇格し、〈壁〉の向こうから襲いくる野人各部族を迎え討つ作戦の中心人物となった。

ジョンが脱走者のふりをして野人たちにまぎれこんだとき、最初は役たたずの"鴉(カラス)"（野人が使う〈冥夜の守人(ナイツ・ウオッチ)〉の別称）と馬鹿にされていたが、やがて野人たちの尊敬を勝ちえる。しかし、途中で信頼を裏切り、自分を捕まえた野人たちのもとを脱出、〈冥夜の守人〉に合流し、野人戦力打破に尽力する。モーモント総帥の死後、新総帥に選ばれたジョンは、〈白き魔物(ホワイト・ウオーカー)〉からウェスタロスを守るため、野人たちに〈守人(もりうど)〉と共闘するよう働きかける。が、交渉ははかどらず、そのうえ黒衣の兄弟(ブラザー)の多くから指導力を疑われてしまう。さらに、一部の反抗的分子の裏切りに遭い、刃物で滅多刺しにされ、ジョンは息

しない。〈夜の王〉との戦争では、家族を、領民を、王国を守るため、命を賭して最前線で戦うが、第一継承権を有しているにもかかわらず、ジョンにはウェスタロスを統治する気などなかった。

〈光の王〉に甦らせられたのは〈鉄の玉座〉につくためだと信じる者が多いなかで、ジョンはネッド・スタークにたたきこまれた義務意識と名誉を重んずる心に則り、人々のためになることしか考えない。当初、人々のためになることとは、デナーリス・ターガリエンが〈鉄の玉座〉につくのを支援することだった。だが、デナーリスがウェスタロスの統治者には不適格であることが判明すると、それは〝愛する女を殺すこと〞に変わってしまう。

デナーリスを殺したジョンは、自分の反逆の結果を受け入れ、彼女に代わって玉座につくことも、ターガリエンを名乗ることも、北部に帰ってスタークになることもせず、〈壁〉の向こうへ去る。家名からも、これまでに与えられた役割からも独立した、新しい生を送るために。ジョンはウェスタロスを暴政の芽から救ったが、自分の物語を締めくくる段になっても、ほんとうに自分のものといえる場所を求めて、旅はまだつづく。

ジョン・スノウの真の両親

ネッド・スタークは、ジョン・スノウと交わした最後の会話において、再会するときにはきっとジョンの母のことを話す、と約束する。この約束が実現することはついになかった。本当の母親の真実を秘めたまま、ネッドが死んでしまったからである。真相は、サムとジリがもたらした重要な情報を頼りに、ブランが〈三ツ目の鴉〉となって過去を覗いたことで明らかになる。ジョン・スノウは、じつは本名エイゴン・ターガリエン——レイガー・ターガリエンとリアナ・スタークの息子だったのだ。ジョンの誕生にまつわる真相は、長年の歴史を完全に書き換え、ジョンのアイデンティティと、恋が芽生えたデナーリス・ターガリエンとの関係を根本的に変えてしまう。なにしろ彼女は、ジョンの叔母なのだから。

出生
ブランは緑視力(グリーンサイト)を用いて、喜びの塔におけるジョンの誕生と、リアナ・スタークの死を目のあたりにし、ネッドの養育した赤子がじつは彼の庶子ではなかったことを知る。さらにのち、ジョンがレイガー・ターガリエンの息子であったことも知る。

婚姻無効宣告
サムとジリはオールドタウンで鍵となる証拠に遭遇する。ジリが朗読したある書物の中に、かつての〈正教〉の総司祭(ハイ・セプトン)がレイガー・ターガリエンとエリア・マーテルの婚姻無効を宣告し、ひそかにレイガーと別の女性を結婚させていたことがつづられていたのだ。

結婚
ウィンターフェル城に戻ったサムは、ブランとこの情報を共有する。ブランはそれをもとに過去を覗き、レイガーとリアナ・スタークの結婚を目撃する。そして、レイガーの嫡出子エイゴン・ターガリエンとはジョン・スノウのことであり、〈鉄の玉座〉の正当継承権を持つことを知る。

DAVOS
SEAWORTH

ダヴォス・シーワース

　ダヴォス・シーワースは、キングズ・ランディングの最貧区、〈蚤の溜まり場〉で生まれた。若い時分にそこを出て密輸業者となったが、これが思いがけない栄光をもたらす。ロバートの反乱のさなか、嵐の果て城攻囲にさいし、籠城するスタニス・バラシオンの守備隊のもとへ玉葱その他の食料を密かに運びこんで、ネッド・スタークが軍勢を率いて駆けつけるまで城兵の生命線を維持したのである。

　この功績に対し、スタニスはダヴォスを騎士に叙したが（〈玉葱の騎士〉の異名はそこに由来する）、それと同時に、過去の悪行に対する懲罰として、ダヴォスの片手の指先を五本とも切り落とした。ダヴォスはこれを適正な処置と考え、本来ならありえない地位へ自分を取り立ててくれたスタニスに忠誠を尽くす。しかし、スタニスに仕えれば仕えるほど、良心の呵責を感じる局面が増えていき、やがてダヴォスは、彼の王スタニスと盲従する側近たちを諫める立場にまわる。

　ロバート王の死後、スタニスは〈鉄の玉座〉の正当後継者として名乗りをあげ、ダヴォスの誠実な進言を評価して自分の〈手〉に任命する。しかしスタニスは、〈紅の女祭司〉メリサンドルが口にする栄光に満ちた約束に呪縛され、不可知論者で現実主義者であるダヴォスの警告を聞きいれようとしない。ダヴォスは王の狂信と懸命に戦い、ブラックウォーターの戦いでの敗北後、メリサンドルを激しく糾弾する。メリサンドルはそれに対し、ダヴォスの息子が戦死したのはダヴォス自身の作戦ミスのせいだと反論、ダヴォスを不敬罪で投獄させてしまう。それでもダヴォスは、スタニスを〈紅の女〉の悪影響から救うため手をつくす。〈冥夜の守人〉からの

〈白き魔物〉に対抗する応援要請を把握し、スタニスを説得して〈壁〉を防衛すべく北部へ進軍させたのもダヴォスである。ダヴォスにはメリサンドルのように神秘的な力はないが、交渉者としては抜けめがなく、スタニスが〈鉄の玉座〉につくうえであらゆる手を尽くせるよう、ブレーヴォスの〈鉄の銀行〉から融資を取りつけた。

　しかしダヴォスの忠誠心は、スタニスを救うに力およばなかった。スタニス勢がウィンターフェル城へ近づくにつれて悪天候にたたられ、さらにボルトン勢に圧倒されて、最後にはスタニス自身も殺されてしまうのだ。仕えるべき主君を失って一士卒となったダヴォスは、スタニスが生前、勝利を得ようとする最後のむなしい試みとして、〈紅の女〉に対し、自分のひとり娘シリーンを〈光の王〉への生贄に捧げる許可を出していたと知り、暗然とする。

　悲嘆にくれるダヴォスは、自分がとるべき行動をとった。ジョン・スノウの中に、仕えるに値する新たな主君を見いだし、その軍勢に加わったのである。若き指導者にとって、ダヴォスは有用な助言者であることがわかった。ダヴォスはここに意義ある変化を迎え、ウェスタロスとその価値観を守るための、第二の機会を得る。ジョンが北部諸公から強固な支持を取りつけることができたのは、ダヴォスの交渉力のおかげだった。さらにダヴォスは、ジョンとデナーリス・ターガリエンがドラゴンストーン城で初顔合わせをするにあたり、ジョンの人となりを弁護し、〈白き魔物〉からウィンターフェル城を守るために手を組ませる。

　ダヴォスはその後、〈鉄の玉座〉につこうとするデナーリス・ターガリエンを支援するが、彼女がキングズ・ランディングを破壊すると、その大義に見切りをつけ、デナーリスの死後、ウェスタロスをよりよい未来に導こうとする人々に加わる。おおぜいの指導者たちに理性を説いてきたダヴォスは、不自由王ブランが忠誠を捧げるに足る王と認め、その小評議会に海軍大臣として加わったのだった。

SANSA STARK

サンサ・スターク

　サンサ・スタークはネッドとキャトリンの二番めの子供で、長女であり、一家の中でキングズ・ランディングへの旅をためらわなかった唯一の人間である。妹のアリアとは対照的に、サンサは淑女の嗜みを好み、自分のために用意されているであろう宮廷生活を楽しみにし、ジョフリー王子の婚約者になる可能性を知って王都住まいを夢想していた。当時のサンサは自分の輝かしい将来を夢見ていたのである。それは王子と結婚し、いずれは王妃となり、いつの日か自分の子供たちがウェスタロスを統治するという夢だった。

　ところが、サンサが夢見ていた王都の暮らしはすぐに悪夢と化した。ジョフリーが怪物じみた本性を露わにしたからだ。やがてジョフリーとマージェリー・タイレルとの婚約話が持ちあがると、サンサは見捨てられ、スタークの名を利用して権力拡大を図る者たちにより、王宮に軟禁される。その後、結婚させられた相手は、ラニスター家でもはみだし者のティリオンだった。ティリオンの真意は、サンサをジョフリーの執拗な虐待から救うことにあったのだが、彼女はほどなく、リトルフィンガーことピーター・ベイリッシュの手引きで王都を脱出する。しかしピーターは、けっして純真な気持ちから脱出に手を貸したわけではない。その裏には、サンサをほかの人間と結婚させるもくろみがあった。谷間とそれを越える範囲で権力を確立しようとするピーターにとって、サンサは美しい駒にすぎなかったのである。結婚させられた相手はラムジー・ボルトンだった。こうしてピーターは、その時点で北部を掌握していたボルトン家と関係を結びつつ、ふたたびウィンターフェル城にスタークの名を持つ者を送りこむ。ボルトン家の花嫁という形ながら、ここにサ

ンサは、スターク家の正当な後継者としてウィンターフェル城入りすることになった。しかし、残虐なラムジーはサンサを彼女の本来の家で軟禁し、虐待を加えつづける。

　妹のアリアと同じく、サンサも苦境から多くを学んでいく。政治手腕を発揮しだしたのは、ウィンターフェル城を脱出したあとからである。〈落とし子の戦い〉で戦闘の帰趨を決したのはサンサだった。ひとり、またひとりと、サンサは自分を虐待した者たちに制裁を加えていき、ラムジーには彼自身の飼い犬をけしかけて食わせ、ついに復讐を果たす。ピーター・ベイリッシュには自分と王国に対する重罪の廉で死刑を宣告した。こうしてウィンターフェル城の真

「たしかにわたしは学ぶのが遅い。それでも学んではいるのよ」
サンサ・スターク

の女城主となり、運命を自分で切り開くようになったサンサだが、彼女の権威はまだ安泰ではなかった。北部が盟主に仰いだのはジョン・スノウであり、そのジョンがデナーリスに忠誠を誓ったからだ——サンサがドラゴンの女王の動機に懸念を示したにもかかわらず。

サンサはかつて、自分の子供たちがウェスタロスを統治することを夢見ていた。が、現実には自分自身が統治者となってしまった。ウィンターフェル城の戦いを生き延びて、デナーリスに対する懸念が現実のものになったことを遠くから眺めていたサンサは、自分にとってだいじなふたつのもの——家族と家を守るためにキングズ・ランディングへ赴く。ほかのみなと同様、ティリオンがウェスタロスの統治者として弟のブランの名をあげたときには驚きもしたが、以後は弟が玉座につくのを支持した。このときサンサは気づいたのである——自分はおそらく、王国を統治したかったのではなく、故郷を独立させたかったのだと。そして、〈北の女王〉として、領民を新たな時代へ導くことを決意する。

サンサが家族に書いた手紙

ロバート王の死後、サンサ・スタークの父エダードは、〈鉄の玉座〉を求めるラニスター家の継承権をくつがえそうとして失敗、投獄され、サンサも軟禁状態に置かれてしまう。サーセイ・ラニスターは若きサンサを思いどおりに動かす絶好の機会と見て、サンサの忠誠心に疑念を突きつけ、拒否しようのない要請を行なった。サンサとしてはサーセイの言いなりにならざるをえず、母と兄に対し、「父上が反逆しました、愛するジョフリーに対して忠誠を誓ってください」という主旨の手紙を書かされる。

この瞬間に、サンサ・スタークが生きぬくための旅は始まる。最終的に敵に反撃するためには、なんとしても生きぬかねばならず、そのために必要なことはすべて行なった。手紙が届いたとき、ウィンターフェル城に残る家族でサンサが敵側についたと思う者はひとりもおらず、むしろ強制的にこの手紙を書かされたと確信する。そして長兄のロブは、ラニスター家にひざを屈するかわりに、宣戦を布告するにいたる。

何年ものち、ウィンターフェル城でサンサとアリアが再会したあと、手紙の件がむしかえされる。姉妹を操ろうとするリトルフィンガーの策略である。つかのま、アリアはサンサがかつて一族を裏切ったことを信じるようなそぶりを見せる。しかし最後には、姉妹は団結してリトルフィンガーに対抗する。かつて自分がサーセイに助言してサンサに書くようしむけた手紙により、リトルフィンガーが破滅するのは、まさに因果応報というべきだろう。

ウェスタロスの絆

サンサとリトルフィンガー

　父親を処刑され、ティリオン・ラニスターと結婚させられたあと、サンサ・スタークの味方はキングズ・ランディングにひとりしかいないように思われた。ピーター・〝リトルフィンガー〟・ベイリッシュである。彼はサンサに谷間への脱出経路を示し、苦境から逃れる聖域へと連れていく。北上の旅を通じて、リトルフィンガーはサンサを保護することも、彼女の安寧を犠牲にすることもあるが、それはつねに、最後の瞬間にいたるまで、自分の利益のためだった。

　サンサに対するリトルフィンガーのねじけた想いは、サンサの母キャトリンに対する報われない愛情に端を発する。キャトリンが死ぬと、リトルフィンガーはサンサを失われた愛する女性の身代わりと見るようになった。王都脱出後、高巣城に身を寄せたさい、リトルフィンガーはサンサを姪という触れこみで通す。だが、恋情をいだきながらも、彼はサンサを〝大望をとげるための道具〟としてしか見ておらず、北部の権力を掌握するため、ラムジー・ボルトンの残虐性を承知で、サンサを強引に嫁がせてしまう。戦争の成りゆきをにらみ、ボルトン家とも誼みを通じておくのが得策と考えたのだ。やがてサンサはラムジーのもとから脱出し、兄ジョンと再会、自分の苦境の根源としてリトルフィンガーを敵視するようになる。のちにリトルフィンガーが北部諸公との連合を画策したときにも、サンサはその説明に耳を貸さず、二度と顔を見ないと誓っている。

　にもかかわらず、サンサは誓いを取り下げねばならなかった。ジョンが行なおうとしているウィンターフェル城攻囲の成功は、谷間と同盟するかどうかにかかっていたからである。倫理上の反発をおぼえながらも、サンサはリトルフィンガーと政治的同盟を結ぶ。リトルフィンガーとちがって、サンサには良心があるが、彼と旅するさいに学んだ多くの教訓が、この同盟に踏みきらせたといっていい。同盟成立を機に、リトルフィンガーはサンサも自分と同じ考え方をするようになったとの希望をいだき、ここではじめて胸襟を開いて、自分の本当の望みを口にする。それはみずからが〈鉄の玉座〉につき、王妃としてサンサを迎えたいというものだった。このときリトルフィンガーは、相互の事情が大きく変わっていることを見落とす。サンサはもはや子供ではなく、怯えてもいない。それに対して、リトルフィンガーのほうは夢に近づいたせいで目が曇り、より大きな目的のために利用されているのが自分のほうであることに気づかなかったのだ。

　サンサは父親仕込みの正義感を捨てたことがない。ウィンターフェル城の女公として、サンサにはリトルフィンガーの犯した罪を完全に把握する時間があった。その多くはサンサ自身がその目で目撃したものだった。ブランが〝万事を知る者〟であるのに対し、サンサはリトルフィンガーの本性をじっさいに見聞きして知っている。かつてリトルフィンガーはサンサを保護したが、それはたんに自分の利のためでしかなかった。サンサはリトルフィンガーに自分の信頼を得ていると思いこませ、処刑されてもしかたない状況へ誘導する。かくしてサンサは、権力を求めるリトルフィンガーの旅に終止符を打ち、一方的に相互の関係を破棄して、名実ともにウィンターフェル城の女公の称号と、それにともなう権威を確立したのだった。

鉄諸島と谷間

ウェスタロスで戦争が勃発しても、鉄諸島と谷間はただちに巻きこまれる恐れのない立地に恵まれていた。しかし、〈五王の戦い〉が拡大するにつれ、パイク島を中心とする鉄諸島も参戦し、高巣城を中心とする谷間も戦争に巻きこまれていく。グレイジョイ勢は、最初はベイロンが、ついでその弟ユーロンが先頭に立ち、積極的に戦争にかかわった。いっぽう谷間では、結婚した高巣城の女公を殺害したピーター・ベイリッシュが権力を掌握、のちに死者の軍団との戦いに備え、スターク家とウィンターフェル城防衛のために軍勢を率いて現地へ赴く。最後の戦いが終わったとき、鉄諸島を統治するのはヤーラ・グレイジョイ、谷間を不安定な未来に導くのはまだ幼いロビン・アリン公の役割となった。

パイク島

岩がちの鉄諸島にあるグレイジョイ家の本拠地。現地では〈溺神〉が信仰される。北部とは海で隔てられているため、諸島はウェスタロスの一部ではあるのだが、鉄の民はウェスタロスの支配下に収まるのをきらい、本土の沿岸ぞいを私掠してまわる。本土で戦争が起きるたびに、参入しようともする。

Iron Islands

PYKE

〈血みどろの門〉

高峰にそそりたつ高巣城(アイリー)の偉容にも恐れをなさず、アリンの谷間(ヴェイル)に侵攻しようとする勢力は、まず〈血みどろの門〉を通過せねばならない。谷間はウェスタロスじゅうでもっとも防備の固い地域のひとつだが、それはこの堅固な関門によるところが大きい。

高巣城(アイリー)

〈月の山脈〉の高峰にそびえる難攻不落の堅城。アリン家の牙城であり、ウェスタロスでも格別に堅い金城(きんじょう)のひとつに数えられる。囚人を収容する天空房(てんくうぼう)は壁の一面がなく、虚空に面する。図像を描かれた〈月の扉〉は床に設けられ、そこから落下すれば、はるか下の地上までまっさかさま。ティリオン・ラニスターのように招かれざる客として訪れた者には、けっして居心地のいい場所ではない。

THE EYRIE

THE BLOODY GATE

1	2	3	4	5	6	7
キングズ・ランディング	ストームランド 嵐の地	ハレンホール ハレンの巨城	キングズ・ランディング	ヴエイル 谷間	モウト 要塞ケイリン	ウィンターフェル城

リトルフィンガーのウェスタロスにおける旅路

この物語ではおおぜいがあちこちへ旅をするが、なかでもひときわ移動箇所が多いのがリトルフィンガーだ。際限なき野望を持つ男にふさわしいフットワークといえよう。彼が物語で最初に登場した場所はキングズ・ランディングだが、より多くのコネ、より多くの同盟者、より高い地位に昇る機会を求めて、ウェスタロスの端から端へと広範囲を旅してまわる。しかし、彼が生きていられたのは、こうして頻繁に移動していたからかもしれない。ウィンターフェル城に腰をすえ、スターク家の遺児たちを離間(りかん)させようとするにおよんで、果てしなくつづくかと思われた彼の裏切りに対し、ついに報いが下るからである。

8	9	10	11
キングズ・ランディング	ヴェイル 谷間	モウルズ・タウン 土竜の町	ウィンターフェル城

PETYR BAELISH
ピーター・ベイリッシュ

　ピーター・ベイリッシュは、権力の座について当然の生まれではない。とくに名を知られていない下級貴族の子であり、ふだんは〝小指〟（リトルフィンガー）の通称で呼ばれている。小さい（リトル）ということばには、家格の低さだけでなく、背の低さに対する揶揄も含まれる（訳注：リトルフィンガーには〝他人を意のままにあやつる者〟の意もある）。したがって、本来なら、大蔵大臣やハレンの巨城（ホール）の城主や谷間の守護者（ヴェイル）になれるはずはなかった。名誉とも忠誠心とも無縁の男リトルフィンガーは、〝ウェスタロスでもっとも危険な男〟と評されたこともある。

　リトルフィンガーが大蔵大臣にのしあがるさいには、幼少期の関係と裏切りを併用している。リヴァーラン城のタリー家に被後見人として預けられていたころ、彼は当主ホスター・タリーの娘たち、キャトリンとライサと仲よくなった。キャトリンへの恋情は応えられず、ライサからの恋情には応えなかった彼だが、のちにこの関係を利用して、ライサの夫、谷間の守護者（ヴェイル）であるジョン・アリンのもとで権力を握り、ジョン・アリンが〈王の手〉に就任すると、ともに王都へ移動して大蔵大臣の地位につく。その後、ライサと共謀してジョン・アリンを毒殺。タリー家の姉妹から援助を求められれば応じるふりをして裏切るのが彼の常套手段で、キャトリンの夫ネッド・スタークが反逆罪に問われたときも助けようとはしなかったし、ジョン・アリンの死後、結婚したライサについては、高巣城（アイリー）の高みにある〈月の扉〉から冷酷に突き落とし、殺している。

　すぐれた政治家がみなそうであるように、リトルフィンガーも政治〝ゲーム〟の盤面を見わたし、ほかの指し手の何手も先まで読む。彼が作りあげた諜報ネットワークは、（ヴァリスのものにはおよずとも）強力な情報収集力を誇った。加えて、いくつもの娼館を経営し、客の弱みとなる情報を吸いあげていた。

　この世界で最大の過ちのひとつはリトルフィンガーを信じることだ。彼が手を組む相手は唐突に、かつ頻繁に変わる。当初はネッド・スタークの味方をしていたが、ハレンの巨城（ホール）の城主に取り立ててもらう条件でラニスター家に鞍替えし、つぎはタイレル家に乗り換えて、〈茨の女王〉（いばら）オレナと共謀し、ジョフリー王毒殺を仕組む。谷間（ヴェイル）では結婚したばかりの女公ライサを殺して権力を掌握、サンサ・スタークを高巣城（アイリー）にかくまい、機を見てラムジー・ボルトンに嫁がせる。そしてさらに、ボルトン家の横暴を訴えてラニスター家に取り入る。まさに尽きることのない裏切りの連鎖だが、それはリトルフィンガーのような特殊な才覚を持つ人間をだれもが必要としている事実を物語っている。

　サンサがリトルフィンガーとたもとを分かったあと、〈落とし子の戦い〉でジョン・スノウへの支援を求めてきたとき、彼はついにサンサを手中に収め、長年求めてきたすべての頂点に立てると踏んだ。そして、サンサにはジョンを差しおいて〈北の女王〉になるべきだと耳打ちし、サンサとアリアのあいだにも疑念と反目を生じさせようと試みた。だが、スターク家の子供たちは手ごわく、戦いも終幕に近づくにおよび、長年にわたる裏切りの歴史がついにリトルフィンガーの足をすくう。リトルフィンガーはサンサを見誤り、うまく操って一族と反目させられると判断した。しかしアリアとサンサは、すべてを見通す〈三つ目の鴉〉となったブランと合流していた。リトルフィンガーの底知れぬ謀略の全貌をはじめて把握したのは、このブランである。リトルフィンガーはサンサがアリアに死刑を宣告すると信じこみ、ついに夢がかなうと小躍りする。が、その裏でスターク家の遺児たちは手を取り合い、連綿とくりかえされてきた罪の断罪を果たす。

　リトルフィンガーは一片の慈悲にも値せず、慈悲を与えられることもない。彼の死は、権力をつかむために犯してきた無数の裏切り行為に対する当然の報いなのだ。ウィンターフェル城の大広間で、アリア・スタークはリトルフィンガーの喉をナイフで斬り裂き、命を奪う。斬首に処された彼女の父親と同じように、首を斬ったのである。こうして、ウェスタロスでもっとも権力の座にふさわしくない権力ゲームの指し手の、混沌に満ちた統治（しゅうえん）は終焉を迎えた。

Bran
Stark

ブラン・スターク

　スターク家の次男であるブランは、思いがけなくウィンターフェル城の城主になる。しかし、それに先立って、ラニスター家の双子、ジェイミーとサーセイ姉弟の肉体関係を目撃したことから、その将来は苛酷なものとなった。塔の高みから突き落とされ、半身不随となってしまったのだ。以後、ブランの生は、平穏とはほど遠いものになる。彼が始める旅は、自分自身はもとより、ウィンターフェル城をも、ウェスタロスすらも超えて大きなものにたどりつくのだから。

　からだが回復するのは長い道のりだと見られていたが、家族がひとり、またひとりとウィンターフェル城からいなくなるにつれ、その道のりはいっそう長くなっていった。やがてシオン・グレイジョイの裏切りにより、ブランは城からの脱出を余儀なくされる。ホーダーと野

人オシャの助けを借りて、北へ向かったブランが出会ったのは、彼を探しにきたミーラとジョジェンのリード姉弟だった。ジョジェンには〝緑視力〟——現在と過去と未来を見通す力があり、ブランがよく見る〈三ツ目の鴉〉の夢がただの夢ではないことを教える。それはブランにも緑視力があるがゆえの夢だった。さらにブランには、狼潜りの能力——意識を動物の精神に潜りこませ、操る能力もあることが明らかとなる。ジョジェンの役目は、ブランを〈壁〉の向こうにいる〈三ツ目の鴉〉のもとへ連れていくことだった。〈三ツ目の鴉〉はブランを導き、自分の役割を継がせようとしていたのである。その役目とは、ウェスタロスの過去を展望し、想像を超える脅威——たとえば、徐々に力を蓄えつつある死者の軍団から王国を救うことだった。

　この役目をまっとうするには犠牲をともなった。〈白き魔物〉たちが〈三ツ目の鴉〉を殺すために襲ってきたとき、ブランを守ろうとしたホーダーと大狼のサマーは死亡し、ブランはウェスタロスの現在と過去を結ぶただひとりの存在になってしまう。〈夜の王〉の脅威に対して王国を守る戦いに加わるため、ウィンターフェル城に戻ったブランは、もはや別人になっていた。過去の知識が心にのしかかり、

「おまえは二度と歩けぬ。
だが空は飛べるだろう」

〈三ツ目の鴉〉がブラン・スタークに告げたことば

その重みで感情を押しつぶされ、再会した兄や姉妹とも、ずっと同行していたミーラとも、満足に意思の疎通ができない。彼の新たなアイデンティティは、少年時代の面影を消し去ってしまったのである。

万事を知る〈三ツ目の鴉〉として、ブランはだれよりも、自分が経験するすべてのことに理由があると知っている。その知識を使うことはめったになく、口にするときもあいまいな表現が多いが、ウィンターフェル城の戦いに先立ってティリオンに語った物語が深遠な意味を持ち、きわめて重要であることは承知していた。デナーリスの悲劇的な死ののち、ティリオンはみなに訴えかける──ウェスタロスの新しい統治者は人々を結束させるだけの良い物語を持っているべきだ、と。そして、こう問いかける。「〈壊れたブラン〉以上に良き物語を持つ者がいるか？」"ウィンターフェル城のブラン・スターク"には、この事態は予想もつかなかっただろう。だが、〈三ツ目の鴉〉ブランはすでにこうなることを予見しており、申し出を受ける。ウェスタロスの歴史に関する自分の膨大な知識を用い、不自由王ブランとして、よりよい未来を築いていかねばならないことがわかっているからだ。

HODOR
ホーダー

　ブラン・スタークが塔から突き落とされて歩けなくなったとき、足代わりとなり、ブランを背負ってウィンターフェル城内を歩くのが、大柄で頭の弱い厩番、ホーダーだ。本名はウィリスという。ブランは〈三ツ目の鴉〉との修行中、過去のネッド・スタークの姿を目のあたりにし、そのさいに少年時代のウィリスも見ている。ウィリスは少年時代に発作を起こし、意思の疎通をするさいには、〝ホーダー〟としかいわなくなった。ホーダーという呼び名はそこからついたものである。からだが非常に大きいため、どこにいてもよく目だち、巨人族の血を引いているのではないかと疑う者も多い。ホーダーなしでは城内を移動できないので、ブランには必要不可欠な存在ながら、その巨体が戦争に投じられることはなかった。しかし、ブランを背負って〈壁〉の向こうに赴き、やがてその旅の果てに、本来なら送れていたであろう生を送れなくする、深刻な事態に遭遇する。

　他の人間に精神を潜りこませ、憑依することには危険をともなうが、状況が許せば、ブランはホーダーの素朴な精神に潜ることができる。だが、〈壁〉の向こうのウィアウッドの樹のもとで〈亡者〉たちに不意をつかれたときには、ブランにもホーダーにも準備ができていなかった。ブラン、ミーラ、ホーダーは命からがら逃げだし、そのさいミーラは、ブランに対して、ホーダーの心に潜り、肉体を動かすようにうながす。ブランはそのとおりにするが、どういうわけか時間線の混乱を招き、現在のホーダーと過去のウィリスとのあいだに一時的な接点が発生、ウィリス少年は発作を起こした。そのとき、〈亡者〉の追跡を防ぐため、巨体で扉を押さえてブランとミーラを逃がすホーダーに向かい、ミーラはこう叫ぶ――「扉を押さえて」と。それがブランを通じて過去のウィリスに流れこみ、ウィリス少年は何度も何度もそのことばを叫びつづけ、それが縮まって「ホーダー」になったのである。〝ホーダー〟の誕生と死が同じ瞬間を共有しており、その呼び名が最後の瞬間の叫びに由来するという悲劇は、なんともいえないせつなさをいだかせる。戦いで多くの命が失われるなかで、悲しいことに、ブランの過去への旅は少年ウィリスの未来を摘んでしまったのだ。

MEERA & JOJEN REED

ミーラとジョジェン リード姉弟

　ジョジェン・リードと姉のミーラは、かつて大いなる目的を得た。ジョジェンはブランと同じく緑視力(グリーンサイト)を持つ。そして、自分の役目はブランを見つけだし、その能力のことを教え、次代の〈三ツ目の鴉〉としての運命をまっとうさせることだと知ったのだ。ジョジェンとミーラは、ウィンターフェル城を脱け出して北へ向かっていたブラン、リコン、オシャ、ホーダーを発見し、合流する。その後、ジョジェンとブランは緑視力の視野を共有して、〈三ツ目の鴉〉が住む場所――〈壁〉の向こうにあるウィアウッドの樹の位置を特定する。ジョジェンはさらに、ブランが他者に憑依する能力(ウォーギング)を制御する手助けも行なった。

　ウィアウッドの樹を目前にしたとき、一行は突如として〈亡者(ワイト)〉の群れに襲われ、ジョジェンは致命傷を負う。だが、緑視力で未来の見える当人には、これはすでにわかっていたことだった。自分の死期を知っていながら、ジョジェンはここまで旅をしてくることを選んだのである。

　このときミーラは弟を助けられず、弟の死を悔やみつづけ、のちにブランを連れて〈白き魔物(ホワイト・ウォーカー)〉から逃げだすさい、サマーとホーダーが犠牲になってからは、ブランが〈三ツ目の鴉〉の力を御する訓練を熱心に手伝う。この重い責任を、彼女はためらうことなく引き受けた。

　だが、ようやくミーラがウィンターフェル城へ連れもどしたとき、ブランは著しく変貌しており、彼が〈三ツ目の鴉〉になるためにミーラたちがどれほど大きな犠牲を払ったかもわからなくなっていた。やがてミーラはブランと別れ、故郷に帰るため、ウィンターフェル城をあとにする――自分が旅で守ろうとしてきた少年の中身がどれほど元のままに残っているのだろうかといぶかりながら。その疑問は、ブランが玉座への道を歩みだしたときもつづく。

ARYA STARK

アリア・スターク

　ネッド・スタークの次女で末娘であるアリアは、スターク家の女のために用意された生きかたに染まりたくなかった。長女のサンサは、しかるべき地位の夫に嫁ぐ日のため、積極的に花嫁修業を行なっていたが、アリアは兄弟たちと弓の練習をしたがった。キングズ・ランディングで父親とともに宮廷に出ざるをえなくなったときも、宮廷作法に縛られるのをいやがり、しぶしぶいうことを聞いている。アリアは淑女になりたかったのではない。戦いを欲していたのである。

　運命により、アリアは戦いだらけの日々に巻きこまれていく。それ

り離され、あとに残してきた子供時代とも決別したアリアにとって、せめてもの救いは、ドレスのように不愉快なものに縛られずにすむことだった。かわりに彼女は、シリオ・フォレル、サンダー・クレゲイン、ジャケン・フ゠ガーらから、自分の運命を御するすべを学んでいく。

　ブレーヴォスに渡ったアリアは、暗殺組織〈顔のない男たち〉のもと、過去を捨てて"だれでもない者"になるよう教育される。しかし彼女は、自分の原動力は過去であり、アリア・スタークというアイデンティティにあると認識していた。やがてアリアは訓練を切りあげて、

には大きな犠牲をともなった。友人のマイカーは〈猟犬〉に殺され、彼女の大狼ナイメリアも、処分されないよう、森へ逃がすことを余儀なくされた。そのうえ、父親が斬首される場面も目のあたりにし、母親と兄が同盟者の手で殺されるという悲劇にも見舞われた。その後、アリアは名と姿を偽り、男の子としてウェスタロスを旅してまわる。身を守るすべを学び、周囲で荒れ狂う戦争を生き延びる手段を身につけたのは、いやでもそうせざるをえなかったからだ。旅のあいだは、毎晩、憎い仇たちの名を子守り唄のようにくりかえした。家族から切

ウェスタロスへ帰還し、家族の復讐に着手する。手はじめに一掃したのは、フレイ家の者たちだった。ついで、キングズ・ランディングのサーセイに標的を定めたが、死んだとばかり思っていた家族たちがウィンターフェル城を奪還したと知り、選択を迫られる。このまま一匹狼でいて訓練の目的を果たすか、それとも故郷に帰って家族に合流するか?

選んだのは家族のほうだった。この行動は運命づけられていたようだ。かつてアリアの目を覗きこみ、アリアの行く手に暗黒が立ちはだかるのを見たメリサンドルは、ウィンターフェル城の戦いにおいて、アリアこそが〈光の王(ロード・オブ・ライト)〉の予言にあった存在——〈夜の王(ナイト・キング)〉を討ち、ウェスタロスを暗黒から救う者であることを知る。"アリアが茶色の目、青い目、緑の目、多くの目を永遠に閉じさせる"という予言は、〈白き魔物(ホワイト・ウォーカー)〉との戦いにおいて、アリアが決定的な役割を果たすことを暗示していたのだ。長く恐ろしい夜において、その勇猛な戦いぶりにより、アリアはウェスタロスでもっとも勇敢な戦士のひとりに序列される。だが、ウィンターフェル城の戦いのあと、生き残った者たちが新生活への準備を始める中、アリアは馬に乗り、王都へ向かう。やりかけの仕事を果たすため——すなわち、サーセイ・ラニスターを殺すために。

だが、キングズ・ランディングに到着したアリアは、サンダー・クレゲインから諭される。復讐に生きてもいいことはない、このまま進めば引き返せなくなるぞ——。自分の旅の終着点で刺し違える覚悟を固めていたアリアだが、この忠告を受け、生きることを選ぶ。ただし彼女は、ジェンドリーの妻として嵐の果て城(ストームズ・エンド)の公妃になることも、王都で弟の補佐をすることも、ウィンターフェル城で姉のもとに加わることも選ばなかった。生まれてはじめて自分の進みたい道に思いを馳せたアリアは、新たな生を送れる新たな土地を見つけるため、大いなる未知に向かって、西の海へ船出していく。

ウェスタロスの絆

アリア、ホット・パイ、ジェンドリー

　子供時代のアリアはひとりを好み、ウィンターフェル城では姉から距離をとっていたし、王都の宮廷社会でもひとりでいることを選んだ。だが、父親の処刑後、はじめて家族から引き離され、ほんとうに独力で生きていかねばならないときがくる。アリアは少年を装って〝アリー〟と名乗り、〈冥夜の守人〉の新兵係ヨーレンが集めた犯罪者と漂泊者の集団に混じって北へと向かう。しかし、その集団の中に、思いがけず仲間を見いだすことになった。

　旅の道連れとなったホット・パイとジェンドリーは、アリアと共通する要素がほとんどない。ホット・パイは〈蚤の溜まり場〉出の孤児で、パン職人の弟子をしていた少年だ。戦いなんか怖くないと豪語するが、〈壁〉にいたる街道で暴力沙汰が起きたとき、じつは腰抜けだとばれてしまう。ジェンドリーは鍛冶の弟子をしていたが、〈本人は知らないものの〉ロバート・バラシオンの落とし子である。戦いの才はあるが、とくに大望なく育ち、自分の仕事をするだけで満足していた。じっさい、鍛冶の腕もいい。そんなホット・パイとジェンドリーが王都を出てきたのは、自分が落ちつける場所を求めてであり、それはアリアが求めているものと同じだった。

　周囲で〈五王の戦い〉が激しさを増す中、〈王の道〉を北上する三人の友情はしだいに深まっていく。途中、ロバート王の落とし子と疑われるジェンドリーがラニスター勢に狩りたてられ、三人はほかの〈守人〉候補らとともに、ハレンの巨城で捕えられるが、隙を見て脱出。やがて〈旗印なき兄弟団〉と遭遇したとき、アリアは自分たち三人にも兄弟団的な関係が成立していることに気づき、ふたりに自分の素性を打ち明ける。だが、ふたりはそれぞれに自分の道を見いだした。ホット・パイは〈十字路の旅籠〉でパン職人の弟子になる機会を見つけて腰をすえ、ジェンドリーは〈旗印なき兄弟団〉で鍛冶の腕を活かせることを知り、団と行動をともにすることを選ぶ。

　アリアはジェンドリーに、なぜ自分と別れ、兄弟団を取るのかとたずねる。それに対してジェンドリーは、兄弟団の者たちなら家族同然になれると答え、さらに核心的な真実を告げる。結局のところ、アリアは貴族の娘、淑女であり、それに対してジェンドリーが庶民であることに変わりはない。髪を切り、名前を変えたところで、ウィンターフェル城のアリア・スタークが消えはしないのだ。それはのちに、ブレーヴォスに渡り、〈顔のない男たち〉のもとで暗殺者の修行をするさい、自分でも発見したことだった。

　何年ものちに、ジェンドリーは〈夜の王〉の軍勢と戦う防衛軍に志願し、そこでアリアと再会する。庶民と貴族ではあっても、ふたりのたがいに対する愛情は変わっていなかった。ウィンターフェル城の戦いの前夜、アリアはジェンドリーに対し、城の防衛戦で死ぬかもしれないので、ともに一夜を過ごしたいと告げる。さいわい、ふたりは戦いを生き延び、嵐の果て城の城主に決まったジェンドリーは、妃として支えてくれることを期待して、アリアに結婚を申しこむ。このとき、アリアはこういって、ジェンドリーの前々からの勘ちがいを指摘する。「わたしは淑女じゃない。これからも淑女にはなれないの」。アリアの道は自分自身のものであり、彼女は独自の道をいくことを選んだのである。

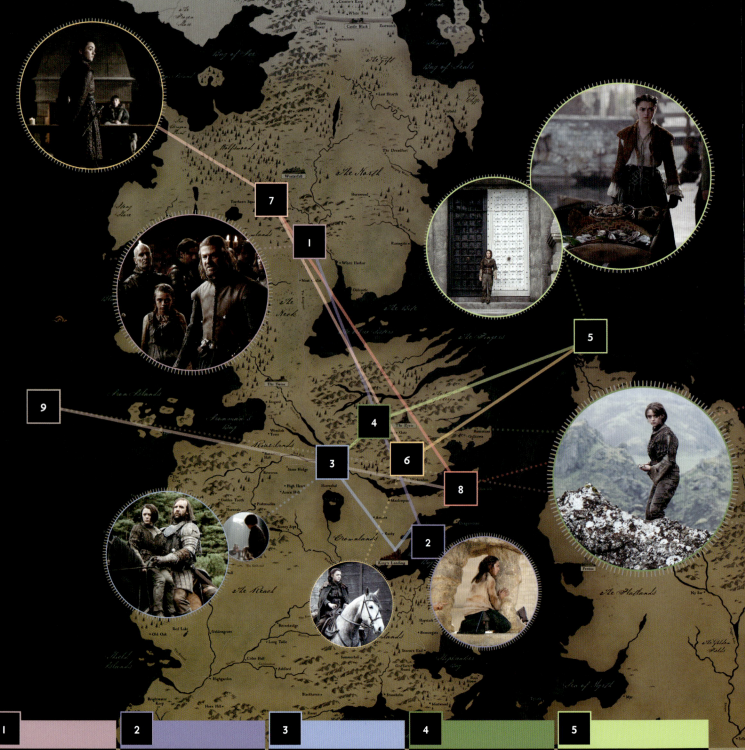

1	2	3	4	5
キングズ・ランディングへ	**ベイラー大聖堂での悲劇** (グレート・セプト)	**敵の前線の向こう**	**虜囚から旅人へ**	**アリアと〈顔のない男たち〉** (フェイスレス・メン)
宮廷に出るため、父親と姉に同行することを余儀なくされたアリアにとって、キングズ・ランディングへの道乗りはさんざんなものになった。傲慢なジョフリー王子の不興を買って友人のマイカーを殺され、自分の大狼(ダイアウルフ)、ナイメリアとも別れざるをえないはめになってしまったのだから。	キングズ・ランディングにきたアリアは、木剣で剣術の稽古に励む。もうじき剣の腕が必要になることを、このときはまだ知らない。父ネッドが拘束され、斬首されると、アリアは少年を装い、〈冥夜の守人〉(ナイツ・ウォッチ)がいる北部へ向かう──父親に死をもたらした者たちへの復讐を固く誓いながら。	周囲で〈五王の戦い〉が激しさを増す中で、アリアは平民を装い、ハレンの巨城でタイウィン・ラニスターに仕え、ジャケン・フ=ガーと〈旗印なき兄弟団〉(ブラザーフッド)に出会ののち、〈猟犬〉(ハウンド)に攫われる。〈猟犬〉はアリアを人質にして家族から身代金を取るつもりだったが、アリアの母キャトリンと兄ロブが〈辱められた婚儀〉(ちぬられた)で殺されたため、計画は宙に浮く。	アリアと〈猟犬〉(ハウンド)双方にとっての自己発見の旅がおわったあと、ふたりは高巣城(アイリー)に到着し、そこでタースのブライエニーがアリアを〈猟犬〉から解放しようとする。だが、経験を積み、大きく変わったアリアは、もう助けを必要としていなかった。ブライエニーと傷を負った〈猟犬〉をあとに残し、アリアはブレーヴォスに渡る船に乗る。	ジャケン・フ=ガーと再会したのち、アリアはウェスタロスとの繋がりを捨て、〈顔のない男〉(フェイスレス・マン)──自在に顔を変えられる暗殺者になる訓練を受ける。だが、アリアは家族になされた不当な仕打ちを忘れられず、新たに得た技能で仇たちに復讐すべく、ウェスタロスに戻る。

アリアの旅路

ウィンターフェル城を出てからの長い旅路において、アリアと家族に降りかかった数々の悲劇により、彼女が受け継いだものとアイデンティティはあやうく失われかける。しかし、最後には故郷へ帰り、家族のもとに合流したのち、みずからの運命を果たしおえ、自分の道を歩みだす。

6
帰還
フレイ家の仇たちを劇的に一掃したあと、アリアはキングズ・ランディングへ向かう。サーセイ・ラニスターを殺すためだ。が、〈十字路の旅籠（はたご）〉で家族がウィンターフェル城を奪還したことを知る。その後、野生化したナイメリアと一触即発の対面を果たしたことで、アリアは自分の"群れ"に戻ることを選び、家族と再会するため北部に向かう。

7
ウィンターフェル城の戦士
ウィンターフェル城に着いたアリアは、自分がいかに変わってしまったかを実感する。この城を出たときに少女だったアリアは、年月を経て、いまや音もなく敵に忍びよる暗殺者なのだ。彼女はまず、数えきれない裏切りの報いとして、"リトルフィンガー"ことピーター・ベイリッシュを処刑する。ついで、人間全体を守るため、ウィンターフェル城の戦いに加わり、ついには〈夜の王（ナイト・キング）〉を倒してのける。

8
思案の時
サーセイ・ラニスターを殺すため、アリアはキングズ・ランディングに向かう。だが、王都の民を襲った悲劇的な運命を目のあたりにし、自分の未来のために新たな旅立ちが必要なことを実感する。

9
新世界へ
すでにウェスタロスを広く旅し、〈狭い海（ナロー・シー）〉を渡った経験を持つアリアは、新たな世界を求め、ウェスタロスの西へ船出する。

ウェスタロスの次代を担う者たち

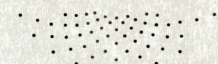

〈五王の戦い〉のあいだにウェスタロスで起きたさまざまな事件は、時ならぬ世代交替をもたらした。準備ができていようといまいと、次代の指導者たちはいやでも権力の座につく。ロバートの反乱で功あった貴族たちは、その後の権力闘争で、ひとり、またひとりと退場していき、かわってその子供たちが戦い、統治せねばならなくなったのだ。

ネッド・スタークが殺されたとき、スターク家の子供たちの多くは思春期に差しかかるか、思春期をおえようとしていた。ロブとジョンがそれぞれ前線に立ついっぽうで、サンサとアリアはキングズ・ランディングにおり、宮廷での試練に立たされる。半身不随となったブラン少年は、兄のロブが留守のあいだ、ウィンターフェル城の城主をまかされた。〈冥夜の守人〉に加わると決めたジョンを除き、スターク家の子供たちは、しかるべき年齢に達したとき、自分の意志で各々の道を選んだのではない。周囲の抗争に対処するために必要だから、それぞれの立ち位置についただけなのである。

スターク家の子供たちは両親からも兄弟姉妹からも離ればなれになる。サンサはラニスター家の〝保護下〟に入り、ティリオンと結婚させられる。アリアはひとくせもふたくせもある師たちの教えを受け、家族から独立した世界観を持つようになる。ブランは数人のはみだし者に支えられ、やがて次代の〈三ツ目の鴉〉の役目を担う。

この苛酷な世界では、親元にいる子供たちでさえ早熟にならざるをえない。十代のジョフリー・バラシオンは、あまりにも急に王位を継いだため、だれの手にも負えないほど傲慢になった。弟のトメンはまだ子供のうちに王位を継いだため、自分がどんな王になりたいのか、どんな男になりたいのかを見きわめようと苦悩する——自分の心をつかもうと争いあう母サーセイと妃マージェリーを横目に見ながら。そしてどちらの少年王も、〝おとな〟になることなく死んでしまう。いっぽうデナーリス・ターガリエンは、亡命の旅に出たときはまだ赤子で、異国の地で育つことを余儀なくされ、自分のアイデンティティを確立し、理解するのに苦労を強いられる。

数々の試練を生きぬいたぶん、ウェスタロスの次代を担う者たちは強くなったかに見える。だが、彼らの心には、戦争という重荷に加えて、子供時代に荒れ狂った虐殺が心の傷となり、重くのしかかっていた。戦争が終わったとき、彼らはみずからの教訓を活かし、よりよい未来を切り開いていかねばならない——自分の子供たちが同じ運命をたどらずにすむように。

スターク家
再結集

　ロバート・バラシオンがネッド・スタークに〈王の手〉就任を求めて来城したとき、スターク家の子供たちはウィンターフェル城の郭に並んで出迎えた。みな若く、誇り高く、いたずら好きの者もいて、王に会えることに興奮していた。だが、このほぼ直後に、固い絆で結ばれた一家はばらばらになってしまう。ジョンは〈壁〉へ。ネッド・スタークは〈王の手〉となり、アリアとサンサを連れて王都キングズ・ランディングへ。ロブはウィンターフェル城の城主となり、塔から落ちて療養中のブランはリコンとともに城で暮らす。ロブはまもなくウィンターフェル城を出ることになるが、これは殺された父ネッドの仇を討つべく、ラニスター家に戦いを挑むのが目的だった。ネッド処刑後の混乱の中、アリアはやむなくサンサを残し、キングズ・ランディングを脱出する。こうして、スターク家の子供たちはばらばらに各自の旅路を歩みだす。何年ものちに、一同が北部で再会したとき、彼らはそれぞれの数奇な運命を経て大きく変化していた。そんな彼らが前に進むためには、たがいの変貌ぶりと折り合いをつけ、ウィンターフェル城のスターク家の一員であるのがどういうことかを再発見する必要があった。

　最初に再会したのはサンサとジョンである。サンサとジョンは、かつてはそれほど親密ではなかったが、家族がばらばらの時期が長かったこともあり、万感の思いがこもった再会となった。ジョンとサンサの関係はそれぞれの対照的な旅によって形作られる。ジョンが〈壁〉で自分の信念のために戦って生き延びるすべを学んだのに対し、サンサはキングズ・ランディングで権謀術数を目のあたりにしてきた。それもあって、ジョンの支持を得て北部を統治するスターク家の当主となってからも、ジョンの決断にたびたび異論を唱える。

　サンサはさらに、弟ブランとの関係でも苦労する。ウィンターフェル城に帰ってきたブランを歓迎したものの、ブランはもはや、サンサが最後に見たときのやんちゃな子供ではなくなっていた。ブランはもう小さな弟ではなく、強力で、すべてを見通し、すべてを知る〈三ツ目の鴉〉になっていたのである。

　サンサはアリアとも対照的な性格だ。ウィンターフェル城で再会したふたりは、やがて忠誠心に関する疑念から反目しあう。かつてでさえ信頼しあえていなかったふたりが、長い年月で隔てられ、たがいに大きく変わったあとで、どうして信頼しあえるだろう。

　だが、これらの緊張はやがて消え去る。スターク家の遺児たちは、自分たちがなによりもまず家族であることを思いだすからだ。ウィンターフェル城の戦いを通じて、またデナーリスの興隆と没落を通じて、スターク家の者たちは知る——ものごとは変化するが、その変化も自分たちの絆を断ち切ることはできないと。最後の最後に、王都の桟橋に集まり、それぞれの道に旅立つまぎわ、彼らは最後の抱擁を交わす。状況によって離ればなれとなり、必要によって再結集したスターク家の者たちは、行く手にどんな逆境が待っていようとも、きっと乗り越えられるだろう。

「雪が降り、白い風が吹けば、
一匹狼は死ぬが、
群れは生き延びる」

サンサ・スターク

リヴァーラン城

ハレンの巨城(ホール)

双子城(ツインズ)

　双子城のフレイ家やリヴァーラン城のタリー家は、北部と南部のあいだの戦略的要衝に位置しているがゆえに、〈五王の戦い〉に巻きこまれる。両家ともに、〈鉄の玉座〉をめぐって戦う大勢力に臣従していたからだ。いっぽうハレンの巨城(ホール)は、河川地帯(リヴァーランド)を通過するさいの中間地点に位置し、各勢力が戦場へ赴くさいの中継基地として用いられ、さまざまな勢力に占拠された。
　他地域とちがって、みずから積極的に〈五王の戦い〉に参戦しなかったにもかかわらず、河川地帯の各家は他勢力に蹂躙(じゅうりん)しつくされる。ハレンの巨城(ホール)は廃城となった。タリー家領は徹底的に略奪され、〈五王の戦い〉の終盤、リヴァーラン城はラニスター家によって開城させられる。また、フレイ家の主だった者たちは、アリア・スタークの苛烈な報復によって皆殺しにされる。戦塵が収まったあと、同地域はエドミュア・タリーが治めることになるが、そこには多大な犠牲を出した戦争の記念碑として、荒廃した城ばかりが残されていた。

双子城(ツインズ)
ウェスタロスを北部と南部に隔てる三叉鉾河(トライデント)には石造りの〈関門橋(クロッシング)〉が架かり、戦略的要衝となっている。この橋をはさんで河の両岸には、そっくりの城が建っている。これが双子城である。〈関門橋〉を管理するフレイ家は、三世代をかけてこの橋を建設し、以来、通行者から例外なく料金を徴集してきた。この立地により、フレイ家が滅ぼされたあとも、双子城を所有する者は、とりわけ戦時には大きな力をふるうことができる。

The Twins

リヴァーラン城
三叉鉾河(トライデント)の赤の支流に面するリヴァーラン城は、大河流域の肥沃な土地を領するタリー家の牙城である。この城には独特の防衛機構があり、三叉鉾河(トライデント)の河水を誘導して直接攻撃を防ぐことができるし、攻囲されたさい、この機構を利用して城外に脱出することもできる。

Riverrun

Harrenhal

ハレンの巨城

神の目湖の湖岸に建つ、暗くて不吉な城。どの一族もこの城に長く居つけない理由は、五つある高塔に亡霊が棲みついているからだといわれる。〈五王の戦い〉の最中はラニスター勢の軍事拠点に利用されており、そのさい、アリア・スタークがタイウィン・ラニスターの酌人を務めたこともあった。のちにここはルース・ボルトンの管理下に入る。ジェイミー・ラニスターがタースのブライエニーを熊の穴から救ったのはここでのことである。

CATELYN STARK
キャトリン・スターク

　ロバートの反乱が起きる以前、キャトリン・タリーの将来は定まっていた。ブランドン・スタークとの婚約により、やがてウィンターフェル城のスターク公妃となり、将来の北部総督となる子供たちを育てるはずだったのである。それはおおむね実現するが、いくつかの点で決定的に異なるものとなった。たとえば、ブランドンが狂王エイリスに殺されたため、結婚相手が弟のネッド・スタークとなったことだ。もうひとつ予想外だったのは、夫との子供たちだけではなく、夫の落とし子（と彼女が信じる）ジョン・スノウも養育することになったことだった。このような予定外のできごとに対し、キャトリンは決然と対処して事態を乗りきろうとする――自分の行動が家族の直面する危険をいっそう大きくすることにも気づかずに。

　キャトリンの選択は、ブランの大怪我にともなう嘆きと、それが事故ではなかったと知ったときの怒りに基づくものである。〈十字路の旅籠〉で、キャトリンは衝動的に、ティリオン・ラニスターが暗殺者だとする見当はずれの糾弾を行ない、捕縛してしまう。この捕縛がラニスター家との争いの火種となり、夫ネッドを危険にさらし、ネッドの処刑後、長子ロブを戦へと駆りたてることになる。正義と公正な裁きを求めるあまり、彼女は自分の行ないがどのような結果を招くかが見えなくなっていたのだ。

　キャトリンが家族を守ると同時に危険にさらしたのはこの例にかぎらない。ロブの帷幕にあって、キャトリンはロブの母親としての役割と若き将の政治顧問としての役割を両立させようとする。ラニスター家に対するロブの政治的・軍事的優位が著しく後退したのは、キャトリンがサンサとアリアを安全に送り返すことを条件に、捕虜にしていたジェイミー・ラニスターを解放したからにほかならない。さらにキャトリンは、ロブの厳命にもしたがわず、軍事的優勢を取りもどそうとするロブの足を引っぱりつづける。

　〈辱められた婚儀〉の時点で、キャトリンは失意のどん底にあった。父と夫を失ったうえ、下の息子たちは死亡し、娘ふたりは囚われの身だと思いこんでいたからである。絶望の中、キャトリンは自分がしたことへの後悔の念と、子供たちの安全を確保しようとしてできなかった無念を吐露する。さらに、子供たちを戦争に駆りたてたこと、子供たちを危険から守ってやれなかったことに胸を痛める。

　婚儀において、フレイ家の殺意が明らかになると、キャトリンは彼女の人生を特徴づける猛々しさで奮戦するが、ついにロブが殺されるのを見て茫然自失に陥る。自分の行動の結果をたびたび見誤ったキャトリンは、こうして死を迎えた。だが、彼女の芯の強さは、生き残ったスタークの子供たちに受け継がれる――ウェスタロス特有の政略を駆使するサンサの中に、一族の復讐を果たすため旅をつづけるアリアの中に、大いなる旅をなしとげたブランとジョンの中に。彼女が命を賭して守ろうとした者たちの中に、キャトリンの精神はしっかりと息づいているのだ。

ROBB STARK
ロブ・スターク

　ウィンターフェル城の城主ネッド・スタークの長子として、ロブは自分がウィンターフェル城の跡継ぎであり、いずれ北部を統べるスターク家当主の座につくものと認識して育った。だが、どれほど準備をしていたとしても、おとなの階段を昇ったばかりの若者が、いきなり降って湧いた城主の重責を担いきれるものではない。ネッドとキャトリンがともにウィンターフェル城をあとにしてのち、ロブは長い準備期間を経て継ぐものと予想していた地位につく。そして、城主の務めを果たす過程でいくつものミスを犯す。それは彼の齢ごろの人間としてはしかたないミスではあったが、〈北の王〉となるスターク家の当主としては致命的なものだった。

　名誉を重んずるように育てられたロブは、戦場でも名誉を重視した。しかし、それが戦場で通用するかどうかは未知数だった。軍事を理解してはいたものの、同盟作りのように地道で骨の折れる工作の経験もなかった。が、ふたをあけてみると、意外にもロブは、年齢に似合わぬ戦術と用兵の才能を持ち合わせており、反乱の初期において破竹の快進撃をとげた。その勇猛果敢な戦いぶりから、〈若き狼〉の異名で呼ばれるようになったロブは、老ウォルダー・フレイの娘のひとりとの結婚を条件に、首尾よくフレイ家との同盟を成立させる。

　だが、戦いが長びくにつれ、ロブは若さを露呈し、統率者としての新たな地位にふさわしからぬ判断ミスをくりかえす。そのひとつは、タリサ・メイジャーに対する恋情を抑えがたく、母親の反対にもかかわらず、ひそかに結婚してしまったことだった。さらにロブは、キャトリンが子供たちを愛するあまり、無分別な行動に出かねないことを理解していなかった。キャトリンが娘たちの安全な帰還と引き替えに、捕虜にしていたジェイミー・ラニスターを解放したため、ロブはみすみす強力な交渉カードを失ってしまう。加えて、時とともに、老獪な傘下諸公の手綱が取りにくくなり、栄光を求める者、復讐を求める者らの先走りによって、ロブが入念に立てた作戦計画は機能しなくなりつつあった。しかも、捕虜にしたラニスターの少年従士二名を殺害したかどでリカード・カースターク公を処刑した結果、中核部隊の支持を得られない事態に立ちいたった。

　ロブは叔父のエドミュア・タリーをフレイ家の娘と結婚させ、フレイ家との関係修復を試みる。フレイ家の当主ウォルダー・フレイも謝意を受けいれたかに見えた。だが、政治的同盟がいかにたやすく組みなおされるかを、ロブは命と引き替えに思い知る。〈辱られた婚儀〉において、ロブは母、妻、その腹の胎児とともに命を断たれるが、この謀略自体が、タイウィン・ラニスターの仕組んだもっと大きな絵図の一部だったのである。

　ロブが死ぬ原因のひとつは、自分の意思決定にまつわる"大局"が見えず、ささやかな不平不満が鬱積して大々的な反逆にまで発展し、虚をつかれたことにある。指導者の責任を担うには、ロブは若すぎたのである。その結果、両親と同じ末路をたどることになるのだが、しかし彼の死は、弟と妹たちに教訓を与え、復讐の道筋を与えることにもなった。

ウェスタロスの絆

タリサとロブ

　ロブ・スタークがキングズ・ランディングを目差して南進し、〈北の王〉の重責を受けいれた時点で、恋愛結婚は許されない立場となった。〈五王の戦い〉に加わった各主君のうち、自分の勢力圏だけで長い戦争に勝利する力を持つ者はいないため、レンリー・バラシオンがタイレル家の娘との婚約を決めたように、ロブも婚姻によって同盟関係を固めることが望まれたのだ。軍勢を双子城の手前で止められ、ウォルダー・フレイ老公と〈関門橋(クロッシング)〉を渡る交渉をしたさい、ロブはフレイの娘のひとりと結婚せざるをえなくなった。おとなとしての決断により、ロブとその軍勢はぶじに橋を渡ることができたが、ここで運命のいたずらが働く。ロブはある娘と出会い、恋に落ちてしまったのである。
　ロブが戦場で出会ったタリサ・メイジャーは（訳注：小説ではジェイン・ウェスタリング）、負傷兵の手当てに従事していた。外見でロブに強い印象を与えたわけではない。ヴォランティスからの移民であるタリサがロブの関心を引いたのは、ロブの反乱について忌憚(きたん)ない意見を口にし、ロブと戦略を語り合い、よく気がつく知的な女性であることを証明したからだ。フレイ家との婚約を解消してはならないと警告されたにもかかわらず、会ったこともない政略結婚の相手とはけっして分かち合えない名誉ある結びつきと信じて、ロブは近しい者たちだけでタリサとの結婚式をあげる。
　だが、タリサとロブの関係は幻想に基づいたものでしかなかった。ふたりの絆はみるみる固くなり、懐妊までいったものの、以後のふたりが幸せになることはありえない。愛と引き替えに同盟を破れば、待っているのは破滅的な結果のみだからだ。だが、この裏切りに対し、ウォルダー・フレイがどれほど苛烈な意趣返しに踏みきるかを、ロブはまだ気づいてもいなかった。

大狼
(ダイアウルフ)

スターク家の者たちがウィンターフェル城近郊の森で発見した牝の大狼の死体には、生まれたばかりの仔狼たちが寄りそっていた。ジョン・スノウは、これは吉兆だと父ネッドを説得する。仔狼はぜんぶで6頭おり、4頭は牡、2頭は牝で、スターク家の子供たちと数も性別の配分も一致していた。大狼は、〈壁〉の南ではもうめったに見られないが、スターク家の子供たちが、各自1頭ずつ、北部と強い関係を持ち、同家の紋章にもあしらわれている動物と育つのは、自然なことに思われた。この大狼たちは、ただの飼い狼の範疇に収まらず、子供たちの保護者となる。さらに、その生と死、両方において、大狼たちはスターク家の子供それぞれの延長となり、子供たちが以後のさまざまなできごとで強いられる犠牲の、貴重な象徴ともなる。

グレイウィンド

主　人：ロブ・スターク
毛の色：グレイと白
ロブとともに出陣したグレイウィンドは、フレイ家の仕組んだ凄惨で残虐な〈罠られた婚儀〉でロブが死亡したとき、ともに命を落とす。
状　態：死亡

サマー

主　人：ブラン・スターク
毛の色：クリーム色と黄褐色
ブランの狼潜りの能力は、主にサマーを通じて活用される。ジョジェンやホーダー同様、サマーはブランが安全に〈壁〉を越えるために欠かせない存在だった。だが、ウィアウッドの樹のところで襲ってきた〈亡者〉(ワイト)たちからブランを逃がすため、サマーは犠牲となって死ぬ。
状　態：死亡

ナイメリア

主　人：アリア・スターク
毛の色：クリーム色、ベージュ、グレイ
ジョフリーに処分されることを恐れて、アリアはナイメリアを森へ逃がす。これこそは、アリアが自己発見の旅に歩みだし、北部との関係から独立しだす瞬間だった。フレイ家の公族を皆殺しにしたあと、故郷へ帰る途中、アリアはナイメリアと再会し、ここに彼女の物語は円環を閉じる。そのさいアリアは、自分もナイメリアも、当初から著しく変わっていることに気づく。ナイメリアはもはやアリアのものではない――アリア自身がだれにも属さないように。両者のアイデンティティは、けっして他者から押しつけられうるものではなく、ゆえに両者は、それぞれ別個の道をゆかざるをえないのだ。
状　態：生存

レディ

主　人：サンサ・スターク
毛の色：白を主体にグレイが混じる
サンサの大狼は（ナイメリアのかわりに）処分されてしまう。それはラニスター家がふるう権力の残酷な教訓となり、サンサがキングズ・ランディングで不遇をかこつことの予兆となる。
状　態：死亡

シャギードッグ

主　人：リコン・スターク
毛の色：黒味の強いダークグレイ。6頭中もっとも黒っぽい
スターク家の末子の保護者であるシャギードッグは、殺されて首を斬り落とされてしまう。リコンがボルトン家にとらわれたさいには、身元の証拠として、その首が使われることになる。
状　態：死亡

ゴースト

主　人：ジョン・スノウ
毛の色：白。6頭中もっとも明るい色。目は赤
ジョン・スノウは、6頭中、もっとも発育の悪かったゴーストに親近感をいだく。だが、やがてゴーストは6頭中もっとも大きく成長し、それに合わせるかのように、ジョンもはみだし者の立場からずっと大きな存在に成長していく。ゴーストがジョンの命を救った例にはことかかない。〈冥夜の守人〉(ナイツ・ウォッチ)の兄弟の反逆者たちに襲われたときには彼を守って戦い、ジョンが死から甦ったときにもそばについていたし、〈白き魔物〉(ホワイト・ウォーカー)との戦いでも、いつもジョンと最前線に立って戦った。ともにウィンターフェル城の〈大いなる戦い〉を生き延びたあと、ジョンはゴーストを北の黒の城(カースル・ブラック)に向かわせる。だが、ほどなくジョンは、デナーリス殺害の罰として、〈冥夜の守人〉(ナイツ・ウォッチ)に戻るよう宣告されたため、両者はすぐに再会する。やがてジョンは、野人たちとともに住むべく、馬で〈壁〉の向こうへ向かい、そのさい、ゴーストも行動をともにする。ゴーストはついに、大狼が長いあいだ棲んできた故郷に還ったのである。
状　態：生存

ウィンターフェル城のあるじたち

ウィンターフェル城はスターク家代々の牙城だが、〈五王の戦い〉のさなか、スターク家の者たちが殺されるか城を追われるかして、一時的にグレイジョイ家、ついでボルトン家に占領される。

グレイジョイ家

ロブが南部へ出陣したのち、ウィンターフェル城へ戻ってきたシオン・グレイジョイは、スターク家を裏切って城を占領し、それによって自分の価値を父に証明できたと考えた。だが、権威はそうたやすく認めてもらえない。もっと重要なのは、ウィンターフェル城が鉄(くろがね)諸島からあまりにも遠く、同諸島を拠点とするグレイジョイ家から充分な補給と人員増強を見こめないことだ。ために、シオンは北部で孤立し、最後には部下にボルトン家へ売られてしまう。

スターク家

建設王ブランドンにより築城されたウィンターフェル城は、スターク家の管理下にあるうちは活気にあふれ、名誉を重んずる強力な指導力のもと、周辺地域の援助を行なって、北部の要(かなめ)となっていた。

シーズン1、2、3

ボルトン家

ボルトン家はウィンターフェル城を略奪し、一部に火をつける。だが、全面的に占有したのは、落とし子のラムジー・スノウがラムジー・ボルトンとして正嫡に認められてからのことだった。ラニスター家が北部をボルトン家に与えたのを機に、ボルトン父子は北部支配の拠点とするため、ウィンターフェル城に移り住む。だが、〈落とし子の戦い〉でボルトン勢が敗れると、ボルトン家の紋章、"皮を剝がれた男"はウィンターフェル城から取り去られ、ふたたびスターク家の大狼旗（ダイアウルフ）が翻（ひるがえ）る。

スターク家の帰還

サンサ・スタークが帰還し、女公としてウィンターフェル城の城主となると、城はかつての栄光を取りもどす。だが、ウィンターフェル城の住民たちは、目前に迫った長い冬への備えを中断せざるをえなくなった。〈夜の王（ナイト・キング）〉とその軍勢が南下してきたからだ。ウィンターフェル城は死者の軍団の強襲を退けるが、それはかろうじての勝利だった。以後、〈北の女王〉となったサンサを先頭に、スターク家は次世代のため、城の再建を進めることになる。

シーズン4、5　　　　　　　　　　シーズン6、7、8

RICKON STARK
リコン・スターク

　リコンはスターク家で最年少の子供である。家族がほうぼうへ出ていく中、ウィンターフェルの城主となった兄のブランと城に残る。だが、やがて城が鉄(くろがね)の民に占領されると、幼くて状況が理解できないまま、ブランとともに城を脱出することを余儀なくされる。そして、ブランに〈壁〉の向こうへ旅立たねばならない事情ができるのを機に、野人の娘オシャはリコンを別の道へ連れていく。

　だが、悲しいことに、信頼する大狼(ダイアウルフ)、シャギードッグに守られていても、リコンが安全な地を見つけることはついになかった。かつてのスターク家の同盟者に裏切られたリコンは、ラムジー・ボルトンの虜(とりこ)となり、〈落とし子の戦い〉にジョンをおびきだすための餌として利用されてしまう。ジョンが軍勢を率いて勝てる見こみの薄い戦いに出向いてきたとき、ラムジーは戦場をはさんで向かいに立つジョンのもとへリコンを解き放つ。リコンは唯一の安全地帯であるとわかっているジョンに向かって駆けだすが、その背中にラムジーは矢を射かけ、リコンを射殺(いころ)してしまう。ジョンは逆上して戦いを開始する。報復すべきラムジーの残虐行為が、ここにもうひとつ加わったのである。

THEON GREYJOY
シオン・グレイジョイ

　シオン・グレイジョイは、鉄（くろがね）諸島の当主ベイロン・グレイジョイの息子だが、ウィンターフェル城のスターク家で養育された。ベイロンの反乱が失敗に終わり、まだ幼かったシオンは人質に取られたのである。衣食住で差別されることもなく、スターク家の年長の息子たち、ロブやジョン・スノウとの友情にも恵まれて育ったシオンだが、スターク家が戦争への道を突き進みだすや、実父の歓心を買うため、そしてグレイジョイ家への忠誠を示すため、養育家を裏切り、ウィンターフェル城を占拠して、グレイジョイ家のものと宣言する。この決断により、スターク家に対するシオンの従属は終わり、それとともに、心にやましさを残すことになる。

　シオンによる北部制圧計画は見こみちがいの連続となった。内郭でサー・ロドリックを処刑するさいには動揺を抑えきれず、のちにはオシャに誘惑されて目を離した隙に、ブランとリコンの脱出を許してしまう。シオンは鉄（くろがね）諸島の略奪文化を前面に押しだし、無慈悲な反逆者を装うが、スターク家の暮らしで刷りこまれた厳格な倫理観から良心の呵責（かしゃく）にさいなまれ、葛藤の日々を過ごすうちに、ウィンターフェル城の掌握に失敗し、父親からの支援を受けられなくなる。シオンはスタークでもグレイジョイでもないのである。

　部下たちが愛想をつかし、ルース・ボルトンの落とし子ラムジー・スノウに鞍替えしたあと、シオンはラムジーの捕囚となり、異常者の手でさんざんいたぶられ、身体を壊されていく。その肉体的な苦痛もさることながら、深刻なのはラムジーに与えられる精神的な傷だった。絶えざる拷問により、シオンはみじめな悪臭ふんぷんの男〈くさや〉（リーク）になりはてる。ずたぼろの肉体と心に幽閉された〈リーク〉は、助けにきた実の姉ヤーラにも抵抗を示す。

　シオン・グレイジョイが自分を取りもどすきっかけは、サンサ・スタークがウィンターフェル城へラムジーの妃として迎えられたことだった。はじめのうちは、ラムジーが罪もない妃をいたぶり、貶（おとし）めるのを気まずい思いで眺めることしかできなかったが、やがてサンサの説得を受け、シオンはみずから〈リーク〉という枷（かせ）をはずし、サンサがボルトンの軛（くびき）から脱出するのを手伝って、ともに黒の城（カースル・ブラック）へ向かう。

　自由の身となったシオンは、姉ヤーラに合流し、鉄（くろがね）諸島の覇権を狙う叔父ユーロン・グレイジョイとの戦いに加わる。だが、失われたアイデンティティはそうたやすく取りもどせるものではなかった。ふたりの船団がユーロンの夜襲を受けたとき、シオンは臆病者の〈リーク〉に逆もどりし、人質に取られたヤーラを見捨てて逃げだしてしまったのだ。過去の悪行という心の牢獄からシオンを解放したのは、ドラゴンストーン島でジョン・スノウと交わした、名誉と家族に関するやりとりだった。シオンは勇気を奮い起こし、ヤーラを解放するために船出する。

　姉を救出したあと、シオンは鉄（くろがね）諸島に帰らず、ウィンターフェル城に戻り、スターク家の遺児たちと〈夜の王〉（ナイト・キング）の軍勢を食いとめる戦いに加わる。そして、〈神々の森〉において、ブランを〈夜の王〉と〈白き魔物〉（ホワイト・ウォーカー）たちから守って死ぬ。多大な危険をともなうにもかかわらず、ブランの警護はシオンが志願して引き受けた役目だった。スタークとグレイジョイのはざまに揺れて生きてきたシオンだが、最後はグレイジョイの勇猛さを発揮して戦死した。火葬に付されるさい、サンサの手で胸に飾られたスターク家の徽章（きしょう）は、抜け殻の中から真の勇者を見つけだした男への餞（はなむけ）にほかならない。

ウェスタロスの絆

ヤーラとシオン

　シオンが鉄（くろがね）諸島に帰郷したとき、姉のヤーラ（訳注：原作ではアシャ）を見てもだれかわからなかった。ウィンターフェル城での養育期間が長すぎて、本来の"故郷"と縁がなくなっていたのである。ヤーラとともに馬に乗るさい、シオンは姉と知らずに戯れ、ヤーラも楽しげにそれに応える。その目的は、何年も会っていなかった弟の人となりを知るためだった。
　鉄（くろがね）諸島は父家長制だが、ヤーラは真の鉄（くろがね）の民として育てられ、百戦練磨の指導者に成長していた。ベイロン・グレイジョイの生き残った子供のうち、唯一手元に残されたヤーラは、ベイロンによって息子も同然に育てられ、パイク島の一族郎党を率い、略奪暮らしに明け暮れていたからだ。ただし、ヤーラが父の地位を継承する保証はない。女だからといって、略奪者にも信頼厚い顧問にもなれないわけではないが、シオンが帰還して〈塩の玉座〉の継承権を主張すれば、当主への道は断たれてしまう。
　シオンとヤーラがともに育ったことはほとんどなく、相手に不信をいだく理由はある。だが、たがいへの忠誠は、双方の旅路での拠りどころとなっている。シオンがラムジーに捕まり、拷問されだした時点で、ベイロンは息子との縁を切るが、ヤーラはシオンを助けに船出する。やがてヤーラが見つけたシオンは、〈くさや〉として廃人も同然になっており、ともに逃げることを拒否した。が、このとき助けようとしたことはふたりの絆を強めることになり、のちに実を結ぶ。父ベイロンの死後、シオンが虜の立場から脱し、鉄（くろがね）諸島に帰還したのは、〈塩の玉座〉を求めるためではなく、過去の過ちを清算し、姉を補佐するためだったのである。
　ヤーラとシオンは、叔父ユーロンの鉄（くろがね）諸島掌握阻止に失敗し、自分たちに忠実な者だけが乗り組む小規模な船団で脱出することを余儀なくされる。だが、デナーリス・ターガリエンの支援を求めてミーリーンへ向かう途中、ヤーラは弟が過去の心の傷から回復しようと苦闘しており、〈リーク〉こそ消えたものの、いまだ本当のシオン・グレイジョイが戻ってきていないことに気づく。シオンが自分のかたわらで戦うつもりなら、本当の自分を取りもどさねばならない。そう働きかけたのは、シオンが苦境を乗りきれると信じていたからだ。
　だが、ヤーラの信頼にもかかわらず、ウェスタロスへの帰路、姉弟の小船団がユーロンの奇襲を受けたさい、シオンは恐怖に圧倒され、ユーロンに捕まった姉をその場に残して逃げだしてしまう。結果的に、シオンを覚醒させたのは、この行為とヤーラの苦境だった。ドラゴンストーン島でジョン・スノウとことばを交わしたのち、シオンの覚悟はいっそう固いものとなる。かつて自分を救いにきてくれた姉と立場が逆転して、こんどはシオンが姉を救うために船出する番だ。やがてシオンはみごとヤーラを救出し、鉄（くろがね）諸島へ還るように説く。顧みれば、両者はたがいを高めあう存在だった。シオンがウィンターフェル城でスターク家の者たちとともに戦うまで生き延びたのは、姉の信頼に応えるためであったし、ヤーラが生きてパイク島を統治できるのは、圧倒的な心の傷を抑えて勇敢さを発揮した弟のおかげなのだから。

BALON & EURON GREYJOY
ベイロンとユーロン グレイジョイ兄弟

　鉄諸島の当主であるベイロン・グレイジョイは、〈鉄の玉座〉にとってうるさい存在そのものだ。ロバートの反乱を機に、公然と反旗を翻したものの、ウェスタロス全土を征服するだけの力は、ベイロンにはなかった。政情不安につけこんで、あわよくば鉄諸島の王となって独立しようというのがベイロンの魂胆だったのだ。だが、その傲慢さは凄惨な戦を招き、シオンを除いて息子はひとり残らず戦死してしまう。そのシオンも、幼いうちにパイク島から連れだされ、ネッド・スタークの被後見人としてウィンターフェル城で養育されていた。ベイロンに二度と反乱を起こさせないための人質である。

　その後、ベイロンは〈五王の戦い〉でも名乗りを上げたが、そこには息子を人質にとられたことへの報復の意図はなかった。ベイロンはたんに、〈鉄の玉座〉を包む混沌をにらみ、将来の権力を掌握する好機到来と見ただけだったのである。シオンがパイク島へ帰郷したさいにも、ベイロンは息子をあまり歓迎しなかったが、これはシオンの留守中、傑出した指導者として抬頭していた娘ヤーラを高く評価していたからである。つまるところ、ベイロンは利己的でけちな了見から戦争を仕掛けていたにすぎない。彼の戦いにようやく終止符が打たれたのは、長らく行方不明だった弟のユーロンが、突如として舞いもどってきてからのことだった。橋の上から兄を突き

落として殺害したユーロンは、こんどは自分の戦争を開始する。

　ベイロンの戦争は実利を求めてのものだったが、ユーロンの戦争はエゴによるものだった。ユーロンは自分がウェスタロスの中枢に食いこむことを求め、結婚を通じた同盟関係を樹立すべく、最初はデナーリス・ターガリエンに、それを断られるとつぎはサーセイ・ラニスターに求婚する。兄には握れなかった権力を掌握するためである。かくしてユーロンは危険なフリーエージェントとなり、ウェスタロス本土のどの大貴族もおよばない強大な海上戦力を駆使しだす──戦略上の目的のために、そして、みずからの好戦的な性向のために。

　率いる水軍の活躍と、エッソスから傭兵部隊〈黄金兵団〉を連れてきたことで、ユーロンはサーセイとの関係を強化した。さらに、ドラゴンの一頭、レイガルを射殺したことで、〈鉄の玉座〉を保持できるとのサーセイの自信をますます深めさせることになる。のちにドロゴンがキングズ・ランディング襲来にさいして水軍を焼きはらったとき、ユーロンは乗っていた船から海に落とされ、海岸に泳ぎつく。そこでジェイミー・ラニスターを発見し、戦に敗れたと知りつつ、即座に決闘を挑んだのは、〈王殺し〉を殺して名を残すためだった。決闘に敗れ、ユーロンは死ぬ。歴史に名を残すつもりでいたユーロンだが、結局は彼もまた、玉座をめぐるゲームの盤面から排除された一介の駒にすぎなかったのだ──兄ベイロンと同じように。

> 「本日この日より
> 死を迎える日まで
> おまえは
> ラムジー・ボルトンだ。
> 北部総督
> ルース・ボルトンの
> 息子として
> ボルトン姓を名乗れ」
>
> ルース・ボルトン

RAMSAY & ROOSE BOLTON
ラムジーとルース　ボルトン父子

　ボルトン家は敵からも味方からも恐れられ、その悪評をものともせず、"皮を剝がれた男"の軍旗を誇らしげに翻す。"皮を剝ぐ"のはボルトン家が好んで行なう拷問方法だ。ルース・ボルトンは当初、ロブ・スタークのもとで忠実にラニスター家と戦ったが、その臣従は長くは続かなかった。

　ルース・ボルトンとロブとの諍いは、戦争の規範における哲学の不一致で顕在化する。ロブが理想主義者であるのに対して、ルースは冷厳な現実主義者であり、日和見主義者であり、敵を負かすためにはいかなる手段に訴えることも辞さない。その手段の中には、戦時捕虜の殺害や拷問も含まれる。ルースは優れた戦略家だが、ロブはルースの提案をことごとく拒絶した。そのため、戦いの潮目が変わると、ラニスター家に鞍替えし、ウォルダー・フレイと共謀して〈霽られた婚儀〉を仕組む。ルースがこの恐るべき犯罪に加担したのは、軍事的な観点から、権力の再編においてボルトン家が優位に

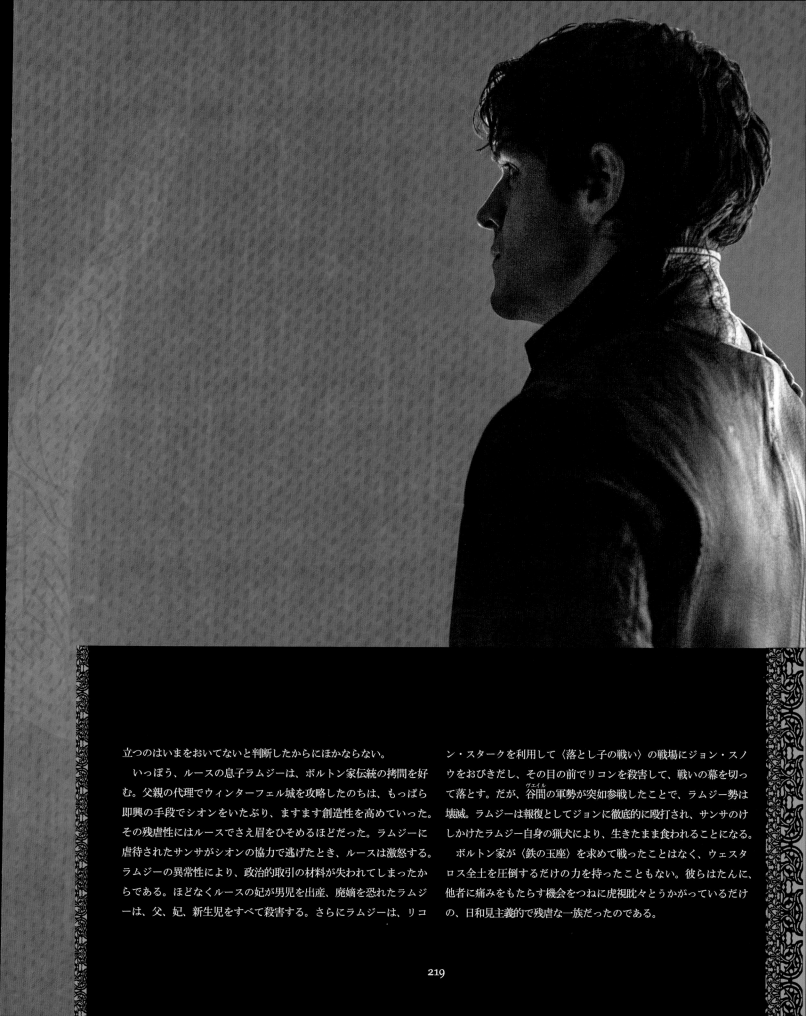

　立つのはいまをおいてないと判断したからにほかならない。

　いっぽう、ルースの息子ラムジーは、ボルトン家伝統の拷問を好む。父親の代理でウィンターフェル城を攻略したのちは、もっぱら即興の手段でシオンをいたぶり、ますます創造性を高めていった。その残虐性にはルースでさえ眉をひそめるほどだった。ラムジーに虐待されたサンサがシオンの協力で逃げたとき、ルースは激怒する。ラムジーの異常性により、政治的取引の材料が失われてしまったからである。ほどなくルースの妃が男児を出産、廃嫡を恐れたラムジーは、父、妃、新生児をすべて殺害する。さらにラムジーは、リコン・スタークを利用して〈落とし子の戦い〉の戦場にジョン・スノウをおびきだし、その目の前でリコンを殺害して、戦いの幕を切って落とす。だが、谷間(ヴェイル)の軍勢が突如参戦したことで、ラムジー勢は壊滅。ラムジーは報復としてジョンに徹底的に殴打され、サンサのけしかけたラムジー自身の猟犬により、生きたまま食われることになる。

　ボルトン家が〈鉄の玉座〉を求めて戦ったことはなく、ウェスタロス全土を圧倒するだけの力を持ったこともない。彼らはたんに、他者に痛みをもたらす機会をつねに虎視眈々とうかがっているだけの、日和見主義的で残虐な一族だったのである。

219

〈落とし子の戦い〉

ジョン・スノウは〈落とし子の戦い〉が行なわれる戦場へ急行する。"弟のリコンは捕虜にした、弟の命が惜しくば出向いてこい"との書状がラムジーから届いたからだ。会戦前、戦場でジョンの姿を見たリコンは、解放してやるとラムジーに約束され、ジョンに向かって駆けだす。が、途中で背に矢を射かけられ、命を奪われる。目の前で弟を殺されたジョンは逆上し、ボルトン勢に突撃、味方も急いで突入するが、ジョン勢はたちまち圧倒され、周囲から押し包まれてしまう。みるみる死体の山が築かれる中、包囲の輪をせばめられ、戦場は縮小の一途をたどり、ジョンの軍勢はいまにも全滅するかに見えた。そのとき、突如としてサンサの手配した谷間(ヴェイル)の軍勢が参戦、一挙にボルトン勢を壊滅させ、スターク家のウィンターフェル城奪回を可能にしたのだった。

ウェスタロスの息子たち

ジョン・スノウは戦時の情事における婚外子とされていた。ウェスタロスではこの種の非嫡出子がめずらしくなく、地域によって独自の姓が与えられる。北部ではスノウ、谷間ではストーン、ドーンではサンドといったぐあいである。非嫡出子のあつかいは千差万別。程度の差こそあれ、冷遇されるのはいずこも同じだが、"非嫡出子"であることの意味は状況と経験で大きく変わってくる。

ジョンはスターク家という高貴な家の非嫡出子であり、疎略にあつかわれることはなかった。兄弟たちとともに武術を学び、妹たちとの絆も育み、衣食住も十二分に提供されている。たしかに、異母兄弟姉妹が城主一族用の正面テーブルにつくのに対して、ジョンは使用人用のテーブルにつくなど、日々、自分がスタークの正当な一員ではないという現実を突きつけられはするものの、名誉と尊敬を勝ちえている高貴な一族の一員として、安寧を確保されてはいたのである。

だが、ロバート・バラシオンの落胤たちは事情がちがう。ロバートがキングズ・ランディングじゅうの身分の低い女に生ませた落とし子たちは、父親に認知されることもなく、いかなる形の支援を受けることもない。しかも、ロバートの死後、彼らは玉座への脅威とされた。というのも、サーセイの子供はすべて、ロバートとではなく、双子の弟ジェイミーとのあいだにできた子供だったからだ。ゆえに、ジョフリー王はロバートの隠し子をひとり残らず探しだし、処刑するよう命じる。ウェスタロスの他の地域では、かくも残酷で悪辣な行為が行なわれることはあまりない。なにしろ相手は、地位を主張することもない名も知れぬ落胤たちなのだ。その落とし子たちのうち、すくなくともジェンドリーだけは追手をまぬがれて生き延びるが、彼らの死は、状況によっては、非嫡出子が人間として認められないことを示唆している。

ジョン・スノウがじつは非嫡出子ではなかったと判明した時点ではっきりしたのは、落とし子なるもののあつかいが、立場やふるまいに関係なく、その出生の秘密に大きく左右されるということだった。ウィンターフェル城の戦いのあと、ジェンドリーがデナーリスに嵐の果て城(ストームズ・エンド)の城主として任命されたのは、非嫡出子が称号を手にし、上流階級の支配層に敬意を示された稀有な例といえる。たいていの場合、非嫡出子は自分の価値を証明できず、低い地位からのしあがる機会を得られない。そして、それぞれの運命は、周囲の権力者の人間性、または非人間性によって定まる。

ウェスタロスの父親たち

　ロバート・バラシオンは、ジェンドリーをはじめとして、多数の落とし子を生ませながら、どの子も顧みない。スタニス・バラシオンは、予言を成就させ、戦(いくさ)に勝利するために、唯一の子、ひとり娘シリーンを生贄(いけにえ)に捧げてしまう。タイウィン・ラニスターは子供たちを小さいころから厳しく育て、ティリオンについては、無罪を知っていながら死刑を宣告する。クラスターは自分の息子たちを〈白き魔物〉(ホワイト・ウォーカー)への生贄に捧げ、娘たちを妻にする。ベイロン・グレイジョイは、ウィンターフェル城で養育されたというだけの理由で息子シオンを裏切り者のようにあつかい、ボルトンに捕まっても救出を拒否する。ランディル・ターリーは、気に入りの次男を跡継ぎにするため、長男のサムに黒衣をまとわせる。この物語に登場する父親たちは、わが子らの願いに応えず、その将来を歪める者ばかりだ。場合によっては、悲劇的に早死にさせてすらいる。

　この父親たちは、例外なく死んでしまう。〈白き魔物〉が〈壁〉を破ったとき、まっとうな関係を維持していた父子は、主要登場人物の中には一組もいない。もっとも、立派な父親はいなくとも、立派な父性は随所に見られる。たとえば、父親に疎外されたサムウェル・ターリーは、自分の子供ではないジリの息子リトル・サムを自分の子同然に育てる。また、ブラックウォーターの戦いで息子マットスを失ったダヴォス・シーワースは、メリサンドルに生贄にされそうになったジェンドリーをかばい、世話を焼く。サンダー・クレゲインにしても、積極的なそぶりは見せないにせよ、それなりにアリア・スタークへの責任を果たそうとする——ふたりとも、けっしてそうと認めはしないが。サムウェルとジリの最初の子供をはじめ、次代の子供たちが生まれてくるころには、王国の父親たちは、この時代に得たさまざまな教訓から、ウェスタロスでの困難な生を送る中で子供をどう育て導くかに対し、新たな指針を見いだすことだろう。

SANDOR CLEGANE
サンダー・クレゲイン

　広く〈猟犬〉として知られるサンダー・クレゲインは、雇い主の名において敵を威嚇し、殺すことを生業としている。戦士として、護衛として、当初はラニスター家に仕え、のちにはジョフリー王の〈王の楯〉の一員となった。だが、ウェスタロスで戦火が荒れ狂いだすと、サンダー・クレゲインは特定の主人に仕えるのをやめ、復讐のため、贖罪のため、そして生まれてはじめて自分のために戦う。

　サンダーを恐ろしげに見せている顔の傷は、子供のころ、兄グレガーにより、気にいりの玩具のひとつを勝手に使った仕置きとして、燃える焜炉に顔をつっこまれてできたものである。サンダーが炎に恐怖心をいだくとともに、グレガーに強烈な憎悪をいだくようになったのは、この暴虐が原因だった。このトラウマが、ブラックウォーターの戦いでティリオンが鬼火を用いたさいにフラッシュバックし、サンダーは炎への恐怖からついに限界に達して、持ち場を離れ、逃走する。

　この瞬間から、サンダーはキングズ・ランディング脱出を図るが、脱出して具体的にどうするかは決まっていなかった。ひとまずサンサ・スタークを説得し、ラニスター家の軛を逃れ、キングズ・ランディングを脱けだしてウィンターフェル城へ向かおう、道中の護衛は引き受けると持ちかけたが、拒絶され、単独で王都を脱け出す。その後、道中でたまたま遭遇したのが、もうひとりのスタークの娘、アリアだった。当初はアリアを人質にし、家族のもとへ連れていくことで身代金をせしめようとしたものの、ともに過ごす時間が増えるにつれ、サンダーはアリアを人質というよりも旅の道連れとして遇するようになる。よもや自分がだれかの保護者的な立場になるとは、サンダーも想像すらしたことがなかった。この関係は、タースのブライエニーが現われ、怪物の悪名をとる男からアリアを救おうとするまでつづく。

　転回点となったのはブライエニーとの決闘である。戦いがおわったあと、サンダーは重傷を負い、自由の身となったアリアにとどめの慈悲を願う。しかしアリアはその願いを退け、サンダーをその場に放置して去る。苦しみながら死なせることは残酷なようでいて、そこにはなんとか生きてほしい、生きる目的があるなら生き延びるはずだとの思いもあった。

　死ぬ寸前で助けられたサンダーは、〈正教〉のブラザー・レイと信徒の集団とともに、それまでよりもずっと質素な暮らしを送る。だが、信徒たちが〈旗印なき兄弟団〉のうち、ひときわ悪辣なごろつきどもに虐殺されたとき、彼の中の〈猟犬〉がふたたび目を覚ます。今回の〈猟犬〉の目的は明確だった。自分に不当な仕打ちを働いた者たちに復讐し、自分にとって真に大切なもののために戦うことだ。兄弟団の指導者と折り合いがつき、ごろつきたちに復讐を果たしたサンダーは、兄弟団の仲間となり、〈白き魔物〉と戦うため北上、そこでスターク家の姉妹と再会する。

　ウィンターフェル城の戦いでは、一瞬、炎に怯むものの、気力を奮い起こし、アリアが〈夜の王〉のもとへ向かうあいだ彼女を警護しつづけ、ついに戦いを生き延びる。その後、ふたりはともに馬で南へ向かった。最後の復讐を果たすためだ。サンダーの目的は兄グレガーを殺すこと、アリアの目的はサーセイを殺すことにある。だが、崩れゆく赤の王城を前にして、サンダーは復讐はあきらめろ、命を危険にさらすなと説き、アリアを納得させる。ややあって〈猟犬〉は、兄と運命の再会を果たす。そして、壮絶な戦いののち、猛然と兄に組みつき、王都を燃やしつくす炎の中へ高みから落下して、苦痛に満ちた生に別れを告げ、英雄的な最期を迎える。

BERIC DONDARRION & THOROS OF MYR

ベリック・ドンダリオンとミアのソロス

　サー・ベリック・ドンダリオンとミアのソロスは奇妙な取りあわせだ。炎の剣を別にすれば、ふたりに共通点はほとんどない。ベリックはネッド・スタークに仕えていた貴族で、サー・グレガー・クレゲイン捕縛のため派遣されたのに対し、ソロスは〈光の王〉に仕える紅の祭司で、ロバート・バラシオンを〈光の王〉信仰に改宗させるために遣わされたものの、結局はロバートの飲み友だちになってしまった男である。ふたりともそれぞれの任務には失敗するが、たがいに生と死を超越した強い友情を築くことには成功する。

　ふたりはのちに、〈旗印なき兄弟団〉に加わる。これは法の保護下にないゲリラ的な逆徒で、その目的は庶民を守ることにある。ベリックがグレガー・クレゲインに殺されると、ソロスは〈光の王〉の"最期の儀式"を友に施した。とうのむかしに〈光の王〉への信仰を失っていたソロスだが、ベリックが儀式で蘇生するや、信仰を取りもどす。ソロスは自分が〈光の王〉の道具であることを心得ており、〈光の王〉が以後も自分を使ってベリックを甦らせつづけることに意味があると――その意味は不明だが――信じたのである。

　ふたりは手を携えて進みつづけ、やがて〈白き魔物〉がウェスタロスに侵攻しようとしていることを知り、死者との戦いに加わるべく、〈壁〉をめざして北上する。

　〈亡者〉の一体を"生け捕り"にするために〈壁〉の向こうへ乗りこむ旅は危険きわまりないものだったが、ベリックとソロスは喜んで志願した。ふたりとも、これが〈光の王〉によって用意された道だと信じていたからだ。ふたりにとって、それは運命的な旅となった。ソロスが〈壁〉の北の凍てついた湖で死んでしまうのである。それはウェスタロスでも傑出した戦士のひとりが死んだことだけではなく、つぎにベリック・ドンダリオンが死んでも、もはや生き返れないことを意味していた。ソロスは自分がなんのために友を何度も生き返らせたのか、その理由を知らぬままに死ぬが、それはウィンターフェル城の戦いにおいて明らかになる。ベリックはアリアが〈夜の王〉を倒し、〈大いなる戦い〉に終止符を打てるよう、彼女を〈白き魔物〉たちから守りぬいて死んだのだ。

227

北部の宗教

　ウェスタロスの古き神々を祀る信仰は北部に根差し、北部と〈壁〉の向こうに点在する、人面を彫られたウィアウッドの樹と結びついている。自然信仰であるこの宗教の発祥は古く、〈森の子ら〉や〈最初の人々〉の時代にまでさかのぼる。〈三ツ目の鴉〉となったブランが彼らの時代にまで時を旅するにあたり、ウィンターフェル城の〈神々の森〉にあるウィアウッドの樹を利用するのは、偶然の一致ではない。いまも古き神々を信仰する者たちは伝統主義者であり、この古くからの地域信仰体系を尊重している。ジョン・スノウが〈壁〉の向こうのウィアウッドの樹の前で〈冥夜の守人〉の誓いを立てるのも、その信仰に則ってのことにほかならない。いっぽう、鉄諸島の〈溺神〉信仰にもよく似た面がある。〈溺神〉の力は海に根差す。そして、過去の尊重と洗礼の伝統とは、パイク島をウェスタロスの他の地域から浮いた存在にしている。

　〈七神正教〉の場合、崇拝するのは自然神ではなく、人の姿を象った神で、七種の偶像に投影された象徴を崇める。北部を除き、キャトリン・タリーをはじめとするウェスタロス人にとって、信じる宗教は〈七神正教〉のみだ。七つの姿に分かれた偶像——〈厳父〉、〈慈母〉、〈戦士〉、〈鍛冶〉、〈乙女〉、〈老嫗〉、〈異客〉は、明白で直接的な導きの態様を表わす。危機にさいして、信徒はどの偶像を選んで祈ってもよい。

　ウェスタロスの他の地域では〈七神正教〉が支配的な中、北部では古き神々の信仰が並存する状況がきわだっている。このことは、〈白き魔物〉の来襲にさいして重要だ。〈七神正教〉も信徒にとって価値ある宗教ながら、古き神々は〈夜の王〉の侵攻に対し、北部に導きを与える。ウィアウッドの樹々は過去の戦いを記憶しており、ウィンターフェル城の戦いにおいては、〈夜の王〉が城内の〈神々の森〉で討ち破られるところを目のあたりにする。やがてブランが王位についたのち、彼は北部の霊的な記憶を王国全土に広めるが、その力の源泉は、やはり北部にあるのである。

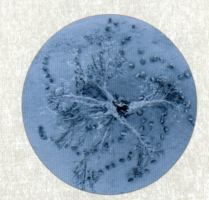

HOUSE FREY
フレイ家

　フレイ家の居城は好立地に恵まれている。平和時のウォルダー・フレイ公は、三叉鉾河の緑の支流に架かった〈関門橋〉の料金徴集者でしかない。しかし戦時になると、橋を越えて北上する軍勢、南下を試みる軍勢を食いとめる、強力な番人となる。戦略的要衝に位置する城に腰をすえ、相手が何者であれ、渡橋しようとする勢力が条件を呑まないかぎり、通そうとしないからである。ロブ・スタークの軍勢が最初に双子城に到着したときも、フレイ家は少々うるさい存在となった。ロブ・スタークの軍勢が南へ渡河せざるをえない状況につけこんで、金銭よりも価値ある見返りを求めたのだ。橋の通過を許可するかわりに、自分の子のだれかをロブと結婚させろ、というのがその要求だった。

　ロブ・スタークはいったん条件を呑むものの、ウォルダー公の娘ロズリンと結婚するという約定を破る。その結果、エドミュア・タリーとロズリンとの結婚式で謀られた惨劇が起こるわけだが、

　それは約定破棄への報復にかこつけた政治的謀略だった。タイウィン・ラニスターがボルトン家と共謀し、赦免と金銭供与を条件に、フレイ家を北部から寝返らせ、反乱軍を裏切らせて、この凶行を仕組んだのである。婚儀にフレイ家を訪れたスターク家の者たちは、塩とパンを分かち合った時点で、古いならわしにしたがい、客の権利を保証され、身の安全を確保されたと思いこんだ。訪問先の屋根の下で、もてなす側が用意した食べ物と飲み物を口にした客は、絶対に害してはならない決まりだからだ。しかしウォルダー公は、何世紀にもわたって遵守されてきた、神聖にして冒すべからざる社会的慣習を踏みにじった。これは〝神と人、双方の約束ごとを破る〟凶行にほかならない。〈贄られた婚儀〉で果たした役割によって、ウォルダー公は北部じゅうの憎悪と嫌悪の対象となり、この取引で得たフレイ家の力をかえって弱めることになる。

　復讐の紡ぎ車はゆっくりとまわり、やがてついに、双子城での饗宴でそれは果たされた。城に忍びこんだアリアは、ウォルダー公に息子たちの肉を仕込んだパイを食わせ、アリアの母と兄になされたのとまったく同じやりかたでウォルダー公自身をも殺してしまう。そののち、アリアはウォルダー公の顔をつけ、一族郎党に毒酒をふるまい、寄生虫的な一族をいとも鮮やかに、一気に殺しつくす。

Brienne of Tarth

タースのブライエニー

　女性があまり権力も権威も持たない社会において、タースのブライエニーはいい立ち位置にいる。セルウィン・タース公のただひとりの子として城主の地位を受け継ぎ、求婚者を選べる立場にあるからだ。しかし、婚約に三度失敗してのち、父親はいっさいの縁談を断わってしまう。人によっては、これは悲劇だっただろう。だが、ブライエニーにとっては、それは自分に求められる女の役割を完全に捨てて、自分が求める生き方を選べることを意味していた。その生き方とは、ウェスタロスの騎士となり、名誉ある人物の誓約の剣士となることだ。

　ブライエニーがレンリー・バラシオンに仕えようと思ったのは、かつてレンリーにやさしくされたからである。彼女はレンリーに恋情をいだき、それが報われぬ恋であることを承知で、レンリーの〈王の楯〉(キングズガード)の座を勝ちとる。だが、レンリーが〈紅の女〉(レッド・ウーマン)メリサンドルの血の魔術にかかり、腕の中で息絶えるのを看取ったブライエニーは、自分が求める名誉を探すため、新たな道を歩みだす。

　レンリー死後の混乱の中、ブライエニーはキャトリン・スタークの誓約の剣士となり、スターク家の虜(とりこ)となったジェイミー・ラニスターをキングズ・ランディングへ護送する役目を申しつかる。ジェイミーと引き替えに、キャトリンの娘たち、アリアとサンサをぶじ連れもど

すのがその目的だった。途中、キャトリンの悲報に接したものの、ブライエニーは任務を放棄しない。約束を破ることを拒否し、自分で選んだ名誉の道を貫こうとする。

　だが、キャトリンに対するブライエニーの忠誠は、ジェイミー・ラニスターとの関係によって試される。ラニスター家とスターク家が戦っていることを考えれば、理屈のうえでは、ジェイミーはブライエニーの敵だ。にもかかわらず、ジェイミーとブライエニーのあいだには相互に敬意が芽生える。それは王都への困難に満ちた旅において、たがいを深刻な運命から救いあった結果だった。キャトリンへの忠勤はブライエニーに目的意識をもたらしたが、ジェイミーとの絆は、ブライエニーが騎士道をきわめるために捨てたはずの、男に対する女の関係を自覚させるものにほかならない。ブライエニーは真の騎士になるうえで、男の敬意を必要としてはいなかった。だが、ジェイミーから贈られた剣〈誓約を守るもの〉(オウスキーパー)は、戦争で敵味方の立場に戻るふたりのあいだの、強い絆を象徴するものだ。ついにサンサを発見したとき、ブライエニーはこの剣をサンサに差しだし、自分の従士となったポドリック・ペインとともに、名誉にかけて仕えることを誓う。

　ブライエニーの献身は報われた。それぞれの形で力を持ち、恐るべき存在となったスターク家の姉妹が再会するところも目のあたりにした。苛烈なことばでジェイミー・ラニスターを双子の姉サーセイから離反させ、〈白き魔物〉(ホワイト・ウォーカー)との戦いに加わらせたのもブライエニーである。ブライエニーが自分から騎士にしてくれといったことはないが、彼女のすべてのふるまいには名誉を重んずる心が表われており、ゆえにジェイミーは、ウィンターフェル城の戦いの前夜、彼女をタースのサー・ブライエニーとして叙する。

　ジェイミーとつかのま肌を合わせたことで、ブライエニーは若い時分に知らなかった愛を経験した。着実に積み重ねてきた努力に対し、ジェイミーが授けた名誉は、ここにおいて完全なものとなる。ジェイミーの死後、ブライエニーは〈王の楯〉(キングズガード)総帥の地位を継ぎ、本来なら彼女が担うはずのない伝統を背負う。しかしブライエニーは、ほかのどの騎士よりもこの地位にふさわしい人物に成長していたのである。

LYANNA MORMONT
リアナ・モーモント

　ラムジー・ボルトンを討つために挙兵したサンサ・スタークとジョン・スノウは、占拠されているウィンターフェル城奪還の支援を求め、北部諸公を巡り歩き、熊の島（ベア・アイランド）にも立ち寄った。この島の当主として一族の存続を担っていたのは、まだ十歳のリアナ・モーモント女公だった。リアナとの交渉を一任してほしいとのサンサの意向にジョンは同意する。だが、サンサが儀礼的に交渉をはじめようとしたところ、リアナはこれを拒否し、単刀直入に交渉の核心をつく。リアナが問うたのは、他人の戦（いくさ）のため、モーモント家の人命をこのうえさらに犠牲にすべき理由だった。十歳という年齢と性別から、ジョンはリアナを見誤っていたが、来（きた）るべき〈落とし子の戦い〉でボルトン勢と、その後の〈大いなる戦い〉で死者の軍団と戦うには、若年でありながらきわめて強い指導力を発揮するリアナの協力が不可欠だったのである。

　リアナは他者から見ればつねに小さな女の子だが、だからといって、〈白き魔物〉（ホワイト・ウォーカー）との戦いにさいし、自己主張を控えることはしない。ジョン・スノウを最初に〈北の王〉に推したひとりでもあり、〈夜の王〉（ナイト・キング）襲来に先駆けてデナーリスに臣従するとのジョンの決断に、最初に異論を唱えたひとりでもある。ジョラー・モーモントがウィンターフェル城に到着し、ほかの女子供といっしょに地下に隠れていろとうながしたときには、それでは自分の臣民に対する務めを怠ることになるといって、即座に否定している。もっともリアナは、女性差別や年齢差別と戦っているわけではない。自分が正しいと思うことをしているにすぎない。

　子供の死は例外なく悲劇だ。しかし、リアナはみずから死を選ぶ。身に危険がおよぶことを理解し、覚悟したうえで、なお地上にとどまり、ウィンターフェル城の郭（くるわ）で荒れ狂う巨人の〈亡者〉（ワイト）に突撃したのである。勇気と勇敢さは、背丈とは関係がない。各自の居城に身をひそめ、出てこようとしない城主もいる中で、リアナは敢然と戦い、息絶えだえになりながらも領民を守りつづける。ウィンターフェル城の戦いの他の英雄たちとともに、火葬壇に横たえられたとき、リアナは歴史に名を残した——悲劇的に死んだひとりの少女としてではなく、その犠牲的偉功により、老若男女を問わず、王国の先々の世代の指導者たちにみごとな範をたれた、勇敢な指導者として。

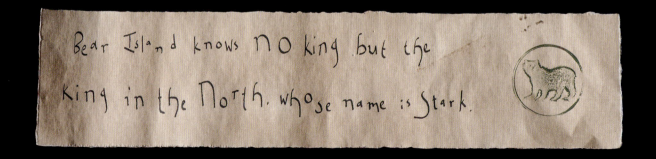

ウェスタロスを守る者たち

　ウェスタロスには、公の統治者はひとりしかいない。だが、かつてこの大陸に割拠した七王国の名残である各地域にはおびただしい貴族が存続し、複雑な同盟関係を構築している。理屈のうえでは、すべての臣民は〈鉄の玉座〉に従属する。だが、各貴族はそれぞれの主家に仕えており、とくに北部や鉄（くろがね）諸島では地域の主家を第一とする気風が強い。ウェスタロスで戦争が起こったとき、ウェスタロス全体の利益を考えて動く組織は、すくなくとも建前上はふたつのみ。ひとつは〈冥夜（ナイツ）の守人（ウオッチ）〉──大陸北部の〈壁〉を守ることを誓った集団であり、もうひとつは〈王の楯（キングズガード）〉──そのとき〈鉄の玉座〉についているのがだれであれ、その人物と一族を守る責任を負う集団だ。

　〈王の楯（キングズガード）〉は終身制だが、政変が起きて王朝が変わると、現〈鉄の玉座〉よりも前王に忠実な者はしばしば排除される。サー・バリスタン・セルミーは王朝の異なる二王に仕えた稀有な例で、狂王エイリスが倒されたのちもロバート・バラシオン王に仕えたが、これは名誉を重んずることで名高かったためと考えられる。セルミーはその後、ジョフリー王に解任され、〈狭い海（ナロー・シー）〉を渡り、デナーリス・ターガリエンの警護を務める。

　ジェイミー・ラニスターもエイリスとロバートの二王に仕えたが、こちらは自分が守ると誓約したエイリス王を殺した〈王殺し（キングスレイヤー）〉として、王土全体に悪名を轟かせた。もっとも、ジェイミーが狂王を殺したのは、何千もの無辜の民ごとキングズ・ランディングを破壊しようとする王の凶行を阻止するためだった。王土に対する忠誠心が、王に対する忠誠心に勝ったのである。しかし、ジェイミーは以後、王を殺した大逆の徒として蔑まれ、あしざまにののしられつづける。

　〈冥夜の守人〉にはただひとつの目的しかない。〈壁〉の向こうの脅威から王土を守ることだ。その脅威の中には〈白き魔物（ホワイト・ウオーカー）〉も含まれる。だが、何世紀もたつうちに、この目的は人々の記憶から薄れ、〈壁〉の向こうの脅威とは野人を指すようになった。じっさいには、野人は雑多な民族や部族の集合体で、真の脅威というよりはわずらわしいだけの存在であったにもかかわらずだ。

　いっぽう、〈冥夜の守人〉を構成する兄弟（ブラザー）たちも変質し、ウェスタロスに貢献するためという気高い志を持った者たちは激減して、強制的に〈壁〉を守らされる犯罪者が大半を占めるようになっていた。ジョン・スノウは〈守人（もりびと）〉の兄弟たちに訴える──野人と手を取りあい、〈白き魔物〉と共闘することは〈守人〉の務めだと。だが、兄弟の大半は自分のことしか考えず、役目の本質を理解していない者ばかりで、〈壁〉の向こうで起きている変化には気づきもしない。そのため、ジェイミーと同じように、ジョンは〈守人〉の厳格な誓約を破り、野人とよしみを通ずる。それを許容しがたいサー・アリザー・ソーンのような手合いは、ジョン殺しに踏みきった──その行為が組織の存在意義に対する真の裏切りであり、王土を深刻な危険に陥れるものであることを知りもせず。

　結局、〈冥夜の守人〉は海を望む東の物見城（イーストウオッチ・バイ・ザ・シー）の破壊を防ぐことができず、〈白き魔物〉の王土侵入を許してしまう。また、サーセイのもとで〈女王の楯（クイーンズガード）〉となった元〈王の楯（キングズガード）〉も、デナーリスとドラゴンに王都破壊を許してしまう。ついに戦争が終わったあと、〈冥夜の守人〉には守るべき王土がなく、〈王の楯〉には守るべき王がなくなっていた。それでも、どちらの組織も存続が決定されたことは、彼らが体現する価値観と原則の証（あかし）にほかならない。

ドラゴングラス

ヴァリリア鋼のほかに、〈白き魔物〉(ホワイト・ウォーカー)を殺せるものがもうひとつある。ドラゴングラスである。これはサムウェル・ターリーが〈壁〉の北側で発見した事実だ。そのむかし、〈森の子ら〉はドラゴングラスの短剣を〈最初の人々〉のひとりに突き刺し、〈白き魔物〉に変貌させた。やがてその〈白き魔物〉の個体が変化したものが、〈夜の王〉(ナイト・キング)にほかならない。ジョン・スノウは、〈夜の王〉率いる死者の軍団との戦いで鍵となるのがドラゴングラスだと見ぬく。だが、それを大量に手に入れるためには、ドラゴンストーン島へ渡り、首尾よくデナーリス・ターガリエンの許可をとりつけ、この必要不可欠な武器となる鉱物の掘削に取りかかる必要がある。それは両者が同盟するきっかけであり、ウェスタロス防衛に光明が見えた瞬間でもあった。

brought back the day. In the fragments of his writings that survive, Septon Barth tells how the white cold rose up, and the Walkers rose with it. And the sun hid its face from the earth for a lifetime ashamed at something none could discover. It is also written that there are annals in Asshai of such a darkness, and of a

ウェスタロスの絆

〈冥夜の守人〉の兄弟たち

　〈冥夜の守人〉の成員はウェスタロス全土から集まってくる。〈守人〉になる理由は千差万別で、志願してくる者もいれば、犯した罪の罰として強制的に〈壁〉送りにされる者もいる。罪の範囲は軽いものから重罪までさまざまだ。その結果、道徳観念の欠如した男たちの集団が、黒の城を中心とした凍てつく環境に押しこめられることになり、正邪の別を知る者、名誉をもって〈冥夜の守人〉に仕えようとする者は、単独では理想を追えない。着任早々、それに気づいたジョン・スノウは、自分と志を同じくし、自分を支援してくれる、絆で結ばれた兄弟たちを見つける必要に迫られる。そして、サムウェル・ターリー、陰気なエッド、ピップ、グレンなどと友情を築き、ウェスタロスを守れる指導者に成長していく。
　ジョンが指導者として信望を集めたのは、兄弟たちを対等にあつかったからだ。サー・アリザー・ソーンが新兵をいたぶり、サムをばかにするのとは逆に、ジョンはサムに身の守り方を教える。また、ピップやグレンのような身分の低い者を見くださず、ウィンターフェル城でたたきこまれた武術や教育を彼らにも教える。ジョンが教えるのはたんに兵法や技術だけではない。ジョンの指導のもと、友人たちはより深いレベルでものごとを学んでいく。サムが自信を持てるようになったのも、ジョンの友情あふれる接し方のおかげだった。ここでつけた自信は、サムの成長に大きく貢献することになる。
　だが、まもなく一同はばらばらになる。グレンとピップは黒の城防衛戦で勇敢に戦って死に、サムは〈守人〉の新たな学匠となるため、〈知識の城〉へ赴くことを求める。さらに、野人と同盟関係を結んだことへの反発から、ジョンに残る味方は陰気なエッドだけとなってしまう。ジョンがサー・アリザー・ソーンの反逆でいったん命を落としたのは、仲間が手薄になった隙をつかれてのことだった。だが、〈冥夜の守人〉の兄弟があるべき真の形、名誉を重んじるありかたへの逆境にもかかわらず、ジョンたちの理想と友情の価値は維持される。サー・ダヴォスとともにジョンの亡骸を発見し、〈黒の城〉を取りもどす集団を組織したのはエッドだった。エッドはジョンの死後も、友である彼のために尽くしたのである。その献身は、ジョンが蘇生したあとも変わらない。
　ジョンはその後、〈冥夜の守人〉を出ることを選ぶが、それは総帥の地位を引き継いだエッドに後事を託してからのことだった。やがて〈夜の王〉が〈壁〉を破壊したとき、残っていた兄弟たちは南への後退を余儀なくされ、ウィンターフェル城でジョンおよびサムと再会し、死者の軍団を迎え討つ人間の戦いに加わる。この戦いをジョンとサムは生き延び、〈冥夜の守人〉がつねづね守ろうとしてきた平和な未来が開けたことを見とどけた。だが、エッドはふたりほどには運がよくなかった。多大な犠牲を払ってウェスタロスを守った〈守人〉の亡骸のひとつとして、エッドも地に横たわっていたのである。

「夜の闇濃くならんとするいま、
わが〈守人〉の務め始まりぬ。
そはわが死のそのときまで
終わることなし。われは妻を娶らず、
土地を持たず、子を作らず。
われは冠を戴かず、栄光を求めず。
みずからの哨所にありて、生きて死ぬ。
われは暗闇の中の剣なり。
われは〈壁〉の上に立つ〈守人〉なり。
人間の領土を護る楯なり。
われはここに誓わん、身命と名誉を
〈冥夜の守人〉に捧げることを、
この夜に備えるために、
来るべきすべての夜に備えるために」

〈冥夜の守人〉の誓約のことば

JEOR MORMONT
ジオー・モーモント

〈冥夜の守人〉の総帥ジオー・モーモントは、〈冥夜の守人〉が名誉ある呼び名とされていた時代の残り香を宿す人物である。〈壁〉の向こうの脅威から王土を守るため、みずから進んで"黒衣をまとった"多くの騎士や貴族のひとりがモーモントなのだ。家督を息子ジョラーに（不祥事で追放される前に）譲ったジオーは、〈冥夜の守人〉への参加がウェスタロスに貢献できる格好の機会と考えて〈壁〉に赴き、またたく間に総帥の地位に昇りつめる。だが、ジョン・スノウが黒の城（カースル・ブラック）に着いたとき、ジオーの監督下にあるのは、懲罰逃れのため〈守人〉になった無宿者や犯罪者がほとんどになっていた。〈壁〉の向こうの脅威が大きくなってきたことを察知したジオーは、目前に迫った闇の中で組織を導かせるべく、〈守人〉の名誉を認識している数少ない新兵の育成に本腰を入れる。

とくに目をかけたのは、ジオーと同じく高貴な家の出の若者、ジョン・スノウとサムウェル・ターリーである。サムウェルは学匠エイモン付きの雑士（スチュワード）を引き受けたが、ジョンは当初、モーモントの雑士を任じられて憤慨した。ジョンが〈壁〉にきた時点では、哨士（レンジャー）となって〈壁〉防衛の第一線に立つことこそ黒衣の名誉であると思っていたからである。だが、ジオーはジョンを自分の後継者に育てようと考えており、名誉のありかたと指導力を教えこんでいく──先々の新兵にまで、ジョンがそれを伝えてくれるようにとの願いをこめて。ジオーは間近に迫った危機にもっとも早く気づいたひとりだった。だが、その危機に対処するため、みずから〈壁〉の向こうへ乗りこみ、クラスターの砦（とりで）で企まれた名誉を踏みにじる反乱を阻止すべく手をつくすも、不意をつかれて無念の死をとげる。

ジオー・モーモントはジョンが総帥の地位につくことを期待しつつ、その実現まで生きることはできなかった。しかし、彼が施したさまざまな教えは、〈冥夜の守人〉が進むべき道を示すかけがえのないものばかりであり、最終的に、ジョンが〈白き魔物〉（ホワイト・ウォーカー）からウェスタロスを守る指導者となったさい、彼を導く指針ともなった。

MAESTER AEMON
メイスター・エイモン

　サムウェル・ターリーが黒の城で学匠エイモンの雑士となったとき、その目に映る老師の姿は、余人の目に見えるそれと変わらなかった。盲目で弱々しく、何十年もつづけてきた〈冥夜の守人〉の中心的顧問を務めるためには、徹底した介護が必要な人物。それがサムのいだいた印象だった。じっさい、これがかつての王族、エイモン・ターガリエンであることなど、だれに想像できただろう。エイモンは権力にまったく興味がなく、王位継承権を一度ならず二度までも辞退している。一度めはメイスターになるためターガリエンの名を（王位継承権を含む王族のすべての権利とともに）捨てたとき。二度めは兄の死亡後、エイモンが〈冥夜の守人〉に加わったときだ。この難しい決断に踏みきったのは、望みもしない王族暮らしと完全に決別し、政争に巻きこまれるのを避け、黒の城とウェスタロスに尽くすためだった。

　しかしエイモンは、〈冥夜の守人〉になったからといって過去を完全に消すことは不可能だと理解していた。ターガリエンの家名を捨ててきたとはいえ、その心の奥ではつねに一族のことを気にかけてもいた。ジョンが兄ロブとラニスターとの戦いで兄のもとに駆けつけるべく、〈守人〉をやめようとしたさい、エイモンは胸襟を開き、ロバートの反乱で一族が虐殺されたとき、自分の心もまた務めと一族への忠誠とのあいだで揺れ動いたことを打ち明ける。この吐露は、何十年にもわたる彼の苦悩を浮き彫りにするものだった。その間ずっと、彼は浮き世の流れを傍観し、一族に対する不法行為を正そうとすれば、〈守人〉の誓いを破るほかない状況に置かれていたのだ。エイモンは歴史が目の前を通りすぎていくのを眺めるほかなく、やがてついにターガリエンの身分が忘れ去られるにいたる。エイモンは最後の日々を病床で過ごし、自分が別れてきた家族のことを夢に見るとともに、〈狭い海〉の向こうでひとり苦労するデナーリスの──弟の孫娘の力になってやれない無力さを嘆く。

　エイモンの死は、ウェスタロスの現在と過去を結ぶ、最後の絆のひとつが消失したことを示している。悲しいことに、ジョンもエイモンも、たがいの血がつながっていることを知らない。だが、エイモンはジョンに貴重な指針を与えた。〈鉄の玉座〉をめぐる戦いにおいて、その血統により、本来なら戦いの中心にいてもおかしくないところなのに、エイモンは家族よりもウェスタロス全体に奉仕する道を選んだのだ。この決断は、貴重な教訓となってジョンに受け継がれる。

To all the lords and Noble Men of Westeros.

The Night's Watch implores you to heed our warnings. Winter is coming, but not as we have seen for hundreds of years past. Only one man has returned from North of the Wall, the only man left from my company of brothers with news of sights I never thought to report.

The White Walkers have risen again and they ride through the northern lands beyond the wall, taking our fallen and making them their own kind.

An army of the dead marches forth hundred, perhaps thousands, who can only be killed by fire. Prepare your defenses my lords. They are coming.

Aemon,
Maester of the Night's Watch, Castle Black

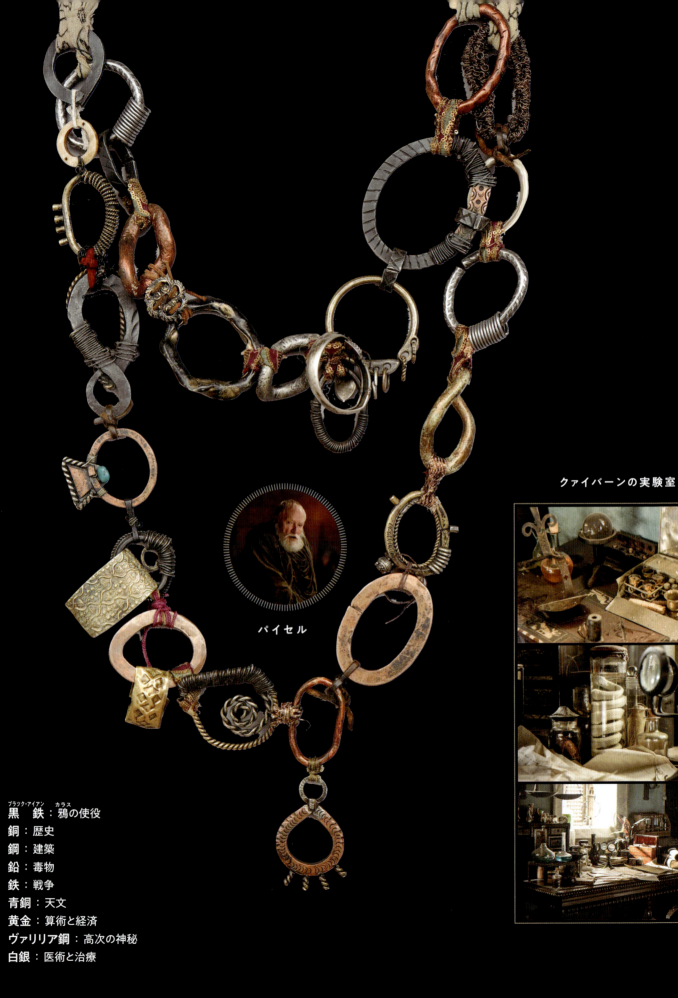

パイセル

クァイバーンの実験室

黒鉄(ブラック・アイアン)：鴉(カラス)の使役
銅：歴史
鋼：建築
鉛：毒物
鉄：戦争
青銅：天文
黄金：算術と経済
ヴァリリア鋼：高次の神秘
白銀：医術と治療

クレッセン

クァイバーン

学匠(メイスター)の学鎖

しばしば"精神の騎士"とも呼ばれる学匠(メイスター)は、ウェスタロスの学者であり治療者である。オールドタウンの〈知識の城(シタデル)〉で学業を修めたあと、メイスターたちはウェスタロス全土に散っていく。ひとりひとりが首にかけた学鎖は、学んだ専門知識に対する献身と、修得した知識の深さと広さを示す。

メイスターがそれぞれの仕える家で一定の知識と英知を修得し、要求されたことがらで雇い主を導くたびに、学鎖の環はひとつ追加される。金属環は材質ごとに専門知識を表わすものだ。たとえば、鉄の環は戦争の知識を、白銀の環は医術と治療の知識を、黄金の環は算術と経済の知識を、といったぐあいである。メイスターの百人にひとりはヴァリリア鋼を鍛えた環を学鎖に持つが、これは高次の神秘に関する知識を表わしている。

メイスターが膨大な知識を持っていることに疑いはないが、その知識はなんの疑念も抱かれることなく、追加もされず、遠い過去から伝承されてきたものばかりだ。〈知識の城(シタデル)〉に修学中のサムウェル・ターリーがいらだちを募らせたのは、先達のメイスターたちが非常に保守的かつ硬直的な集団で、伝統的な概念への挑戦をきらい、灰鱗病(グレイスケール)の治療法のような日常的問題はもとより、膨れあがる〈白き魔物(ホワイト・ウォーカー)〉の脅威のような大問題にいたるまで、まったく目を向けないからだった。〈壁〉のメイスター・エイモンも、ウィンターフェル城のメイスター・ルーウィンも、それぞれ真心をこめて務めをはたすいっぽうで、上級学匠(グランド・メイスター)パイセルはキングズ・ランディングの中枢につく人物らしく腐敗しており、資格を剥奪された元メイスター、クァイバーンにいたっては、サーセイに仕えることで、受けた教育を人体実験に堕落させてしまっている。学鎖は知識の象徴だが、学鎖自体には、激動する時代に適応する能力とも、知識を善のために活用する能力とも、関係がない。

245

SAMWELL TARLY

サムウェル・ターリー

　サムウェル・ターリーは、角の丘城の城主ランディル・ターリー公の長子であり、本来ならば跡継ぎである。しかし、サムウェルは心やさしい本の虫で、父親が期待した勇ましい騎士の素質はなかった。そのためサムは、〈冥夜の守人〉に加わって自主的に跡継ぎの座を捨てるか、弟のディコンが跡継ぎになれるよう父に不慮の死をとげさせられるか、どちらかの選択を迫られる。サムは気づいていなかったが、これは彼の父親なりの深い恩情だった。サムは社会のはみだし者とし

て〈壁〉に到着するが、そこで得たさまざまな教訓を通じて成長し、対〈白き魔物〉の戦いでは不可欠の存在となる。

　この成長は一朝一夕に成されたものではない。サムは当初、基礎訓練で辛酸を舐めさせられた。それを乗りきれたのは、ジョン・スノウの手助けに加えて、ピップやグレンと仲間になれたからだ。ひとたび盲目で高齢の学匠エイモンを支える雑士に任命されてのちは、サムの学術に対する興味には大きな価値のあることが証明された。サムが黒の城の蔵書を調べたことで、〈亡者〉の特徴や迫りくる〈白き魔物〉の脅威に関し、〈冥夜の守人〉の理解が進んだ面もある。軍事一辺倒の父親はサムの学術的才能を評価しなかったが、その資質は〈冥夜の守人〉にとって必要不可欠のものであることが判明した。ためにサムは〈守人〉の重要な一員となる。

　サムはさらに、思いがけなくヒーローにもなる。〈壁〉の向こうで野人の娘ジリとその生まれたばかりの男子を助けるため、勇敢に〈白き魔物〉と戦って、ドラゴングラスで仕留めたのだ。そのまま放置していけば、赤子が〈白き魔物〉たちへの生贄にされてしまうので、サムはジリと赤子を黒の城へ連れていき、その後、オールドタウンの〈知識の城〉へも連れていく。サムが現地に赴いたのは、エイモンの死後、〈守人〉の新メイスターになるべく、学業を修めるためだった。

　オールドタウンへ向かう途中、サムは一族の城に立ちよるが、自分があげた業績に対する誇りにも、ジリと家族になったことにも、父親はまったく好意的な反応を示さなかった。サムはジリを連れてそそくさと城をあとにするが、そのさい、父親の剣〈心臓裂き〉を持ちだす。サムはランディル・ターリーが望む息子にはなれなかったかもしれないが、いまの自分に誇りを持っており、自分なりの名誉を貫いたしるしとして、この剣を手にする資格があると判断したのである。

　〈知識の城〉での学業は、保守的なメイスターたちに阻まれ、遅々として進まなかった。しかも、北から迫りくる〈白き魔物〉の脅威をいくら説いても、だれにも相手にしてもらえない。やむなくサムは禁断の図書室からひそかに禁書を持ちだし、夜な夜なそれらを読んで過ごす。やがてサム（とジリ）は、ジョン・スノウの両親にまつわる真実を見つけ、〈知識の城〉を出て北上、ウィンターフェル城にたどりつき、ジョン・スノウに真実を話す。このときサムは、戦利品運搬車列襲撃において、デナーリスに自分の父と弟が殺されたことを知り、ドラゴンの女王が危険な存在であると最初に気づいたひとりとなった。

　ウィンターフェル城の戦いで最前線に立ったサムは生きた心地がしなかったが、それでもなんとか生き延びた。彼が生き残ったことには大きな意味がある。〈三ツ目の鴉〉を除けば、サムはだれよりもウェスタロスの未来にとって歴史が重要であることを理解していたからである。戦場で〈心臓裂き〉をふるうには適さなくとも、彼はこの戦争の物語を語り継ぐうえで欠かせない人物だ。彼ほどこの役目にふさわしい男はいない。サムは大学匠のひとりが書いた、ロバート王以後のウェスタロス正史に名前を与える。〈氷と炎の歌〉である。そしてサムは、キングズ・ランディングに住む上級学匠として、不自由王ブランのとなりに座し、〈氷と炎の歌〉につづく章を書きつづけるのだった。

ウェスタロスの絆

ジリとサム

〈冥夜の守人〉の大物見がたどりついたクラスターの砦は別世界だった。〈壁〉の向こうの、ウェスタロスの法がおよばない世界で、〈守人〉からの脱走者であるクラスターは独自の社会秩序を構築し、多数の妻をはべらせ、自分の娘たちと結婚し、みずからの安全と引き替えに、息子たちを〈白き魔物〉へ生贄に差しだしていたのである。王土を守る者として、〈守人〉たちのなかでもサムウェル・ターリーのような者たちは、女への非道なあつかいに心を痛め、なんとかしてやりたい思いに駆られたが、クラスターは〈守人〉の重要な同盟者であるため、その意志は尊重せざるをえない。ゆえにサムは、クラスターの娘にして妻であり、身籠ってもいるジリを残して引きあげざるをえなかった。だが、ジリは怯えていた。生まれてくる子が男の子なら、生贄にされてしまうからだ。そのため、サムは約束どおり砦に引き返し、ジリと生まれたばかりの男の子を連れて、クラスターのもとから、そしてその子を生贄とすべく連れ去りにきた〈白き魔物〉のもとから助けだす。

ジリとリトル・サム（この名は救い主であるサムにちなむ）を連れ、ようやく黒の城に帰りついたサムは、ジリが〈壁〉の南でも暮らしていけるよう、支援と保護の手配をする。ジリに英雄あつかいされたことは、サムにとって、父親から受けた心の傷に対する治療ともなった。少年のころに夢見はしたが、〈守人〉の誓いでは固く禁じられている恋愛を、ここにサムは経験することになったのである。

やがてふたりの親密さは増す。きっかけは、ジリがほかの〈守人〉たちに襲われたところをサムが助け、怪我をしたことだった。その後、学匠エイモンが亡くなると、サムはジョン・スノウに申し出て、オールドタウンの〈知識の城〉へ出発する。そのさいにはジリも同行するが、オールドタウンへの途次、故郷に立ちよったところ、ジリともども、父親から手ひどく侮辱されてしまう。それでもなお、すばやく立ちなおれたのは、ジリとリトル・サムという家族がいたからだった。〈知識の城〉入りしてのちも、サムはなにかとジリに支えてもらう。ジョン・スノウの両親に関する真相を発掘できたのも、ジリがメイスターの記録を読みあげたおかげだった。

ウィンターフェル城の戦いに加わるため、サムが北上したときも、ジリと赤子のリトル・サムは同行する。あえて危険へと乗りこんでいくわけだが、つねに手を携えていたからこそ、サムたちはこれまで生き延びてこられたのだ。戦いののち、ジリは自分がサム自身の子を宿していることを知る。だが、静かな家庭生活はこれからも望めそうにない。サムが王都の上級学匠に就任することになったからである。かくして、ふたりの新たな旅がはじまる——ふたりが守るのに手を貸した新たな世界で、自分たちの居場所を見つけるために。

〈壁〉

〈壁〉はウェスタロスの絶対防衛線である。北部を横断する総延長 300 マイル（480 キロ）、高さ 700 フィート（210 メートル）の、氷でできた部厚い構造物は、見張り役である〈冥夜の守人〉とともに、何千年ものあいだ王土を守ってきた。伝説によれば、この〈壁〉は〈長い夜〉ののち、建設王ブランドンと〈森の子ら〉が魔法と通常の建設技術を併用して築いたもの。近年、北からの主要な脅威は、いくつもの野人部族による攻撃だった。だが、〈白き魔物〉の脅威が膨れあがるにつれ、〈壁〉は大いなる戦いにおける防衛線として決定的な役目を果たす。

影の塔

この城は〈壁〉の西端に位置する。〈壁〉を越えてすぐ北には、霜の牙山脈が連なっている。かつては〈二本指のクォリン〉が影の塔の哨士隊長だったが、自由の民社会に潜入しようとするジョンと決闘になり、倒された。

夜の砦

夜の砦は複数ある廃城のひとつで、〈壁〉の下をくぐる秘密地下隧道の出入口がある。〈壁〉の南へ向かうサムウェル・ターリーと北へ向かうブラン・スタークは、この隧道の出入口で遭遇した。

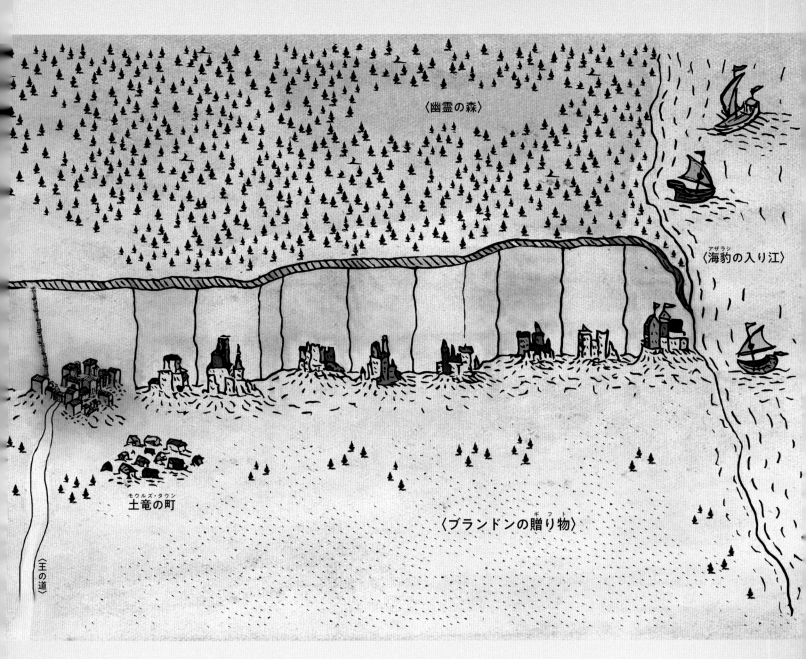

黒の城 (カースル・ブラック)

黒の城は〈壁〉全長の中央に位置し、〈冥夜の守人〉(ナイツ・ウオッチ)総司令部の役割を果たすと同時に、ウェスタロスの境界より北を哨戒する哨士隊(レンジヤー)の拠点となっている。野人の襲撃にも〈夜の王〉(ナイト・キング)とその軍勢の攻撃にも頑強に立ちはだかったが、氷(アイス)のドラゴンによって〈壁〉が破壊された以上、今後の存在意義は不透明だ。

海を望む東の物見城 (イーストウオッチ・バイ・ザ・シー)

東の物見城は〈壁〉の東端に位置し、〈海豹(アザラシ)の入り江〉に面している。ジョン・スノウたちが〈白き魔物〉(ホワイト・ウオーカー)との戦いで王都の支援を受けるには、まず〈亡者〉(ワイト)を"生け捕り"にして、王都まで連れていかねばならない。そのため、ジョンを含む少数の捕獲隊は、この城を経由し、〈壁〉を越える。だが、捕獲に成功した一行は〈亡者〉の軍勢に襲われ、あわや全滅の危機に陥った。そこへ救出に駆けつけてきたのがデナーリスとドラゴンたちだが、デナーリスはこのとき、きわめて強力な武器を奪われてしまう。ヴィセーリオンである。〈夜の王〉(ナイト・キング)は槍を投擲(とうてき)してヴィセーリオンを殺したのち、〈亡者〉として甦らせ、その背に乗って東の物見城を急襲、氷の息吹(ブレス)で〈壁〉を大々的に破壊し、〈狭い海〉(ナロー・シー)に崩落させ、死者の軍団がウェスタロスになだれこむ突破口をうがつ。

クラスターの砦

〈幽霊の森〉にある。ここはクラスターと、その娘であり、妻でもある女たちの居所で、〈壁〉の北における〈冥夜の守人〉の避難所でもある。クラスターが〈守人〉のジオー・モーモント総帥と結んだ盟約では、たがいのすることには口を出さないことになっていた。たとえクラスターが自分の息子たちを〈白き魔物〉の生贄に差しだしているとわかってもだ。

〈壁〉の向こう

〈最初の人々の拳〉

〈冥夜の守人〉の哨士隊にとって重要な陸標のひとつ。〈壁〉の北にある数少ない天然の要害でもある。〈守人〉がはじめて死者の軍団に襲われたときには、ここを防衛拠点とした。サムがドラゴングラスの格納場所を発見したのもここである。この鉱物はのちに、〈白き魔物〉を殺す効果があることが判明する。

凍てついた湖

とある山の麓の小さな湖。この付近で、ジョン・スノウほかの〈亡者〉捕獲隊は一体を捕える。その目的はラニスター家に〈亡者〉の現物を見せ、休戦を結ぶことにあった。このとき、デナーリスとともに隊を救出にきたヴィセーリオンは命を落とし、湖の底に沈む。

〈三ツ目の鴉〉のウィアウッドの樹
ブランはウィアウッドの樹の下に広がる地下洞系に住みこみ、〈三ツ目の鴉〉とともに緑視力(グリーンサイト)の強化に努めた。ホーダー、大狼(ダイアウルフ)のサマーは、〈白き魔物〉(ホワイト・ウォーカー)とその軍勢からブランを守るため、ここで命を落とす。

堅牢な家(ハードホーム)
〈夜の王〉(ナイト・キング)の軍勢が最初に襲った野人の村。ジョンは村人を救うため現地へ急行し、その一部をぶじ〈壁〉の南へ連れてくる。

自由の民
自由の民は、七王国では一般に"野人"として知られ、〈壁〉の北側の地に住む人々を指す。彼らは部族単位で社会を構成し、本来はたがいに反目しあっていたが、〈壁の向こうの王〉マンス・レイダーの支配のもとで結束、その結束は彼の死後も保たれた。七王国内とちがって、マンス・レイダーは世襲によって権力の座についたわけではない。人々は自由意志で彼を指導者に選んだ。

ウェスタロスの絆

イグリットとジョン

　ジョン・スノウが黒の城(カースル・ブラック)を出て〈壁〉の向こうへの旅をはじめた時点で、野人の知識はほとんどなかった。ウェスタロスの視点では、野人は王土にとっての主要な脅威であり、〈冥夜の守人〉(ナイツ・ウォッチ)が重点的に警戒すべき剽悍(ひょうかん)な敵にほかならない。しかし、イグリットと出会ったジョンは——最初は捕えた側だが、のちに捕えられた側になる——それまでとは異なる観点から野人を見るようになった。ジョンの任務は、野人社会に潜入し、〈守人〉(もりうど)のために情勢を探ることにある。だが、イグリットと過ごす時間が増えるにつれ、思いがけず親近感と好意をいだきはじめる。

　明らかになったのは、イグリットが目標と夢を持っており、戦う理由もジョンのそれと大差ないということだった。ふたりの個人的な関係は、やがて大いなる危機にさいして北部の安全を保証する盟約に結びつく。

　当初、ジョンは〈冥夜の守人〉との縁が切れたことを証明するためにイグリットと行動をともにしていたが、ふたりが親密になってくると、その状況は変化しだす。野人が〈壁〉を攀(よ)じ登る準備をしだしたとき、ジョンは〈冥夜の守人〉の誓いを破り、とある岩屋でイグリットと情熱的なひとときを過ごす。そして、苦難に満ちた登攀(とうはん)をやりとげたのち、ふたりは感きわまってひしと抱きあう。暗く恐怖に満ちた世界で、ジョンとイグリットの純愛は闇を照らす稀少な灯(ともしび)となったのだ。

　たがいに魅かれあう中、ふたりを決定的に隔てていた要素は、それぞれの大義への思いだった。ジョン・スノウにはわかっていた——自分が〈冥夜の守人〉のもとへ帰ることが、そしてイグリットがつねに野人の側で戦うことが。いくら深く愛しあっていても、双方の奉じる大義により、破局は運命づけられていたのである。ジョンが野人に背を向け、黒の城(カースル・ブラック)の兄弟(ブラザー)たちを守るために立ち去るとき、イグリットはジョンに矢を射かけ、心の中で別れを告げる。ふたりの関係は深い傷を負った。だが、まだ絶たれてはいない。

　ふたりが生死を賭けた戦場で再会したとき、イグリットはジョンを攻撃するのをためらう。殺しあいがおわったあと、ふたりで幸せになれる可能性を夢見たからだ。その夢は若いオリーが放った矢で打ち砕かれ、イグリットはジョンの腕の中で息絶える。だが、彼女が残したふたりの関係という遺産は、戦いのあとで〈守人〉と野人を結ぶ掛け橋となった。両陣営を合意に導いたのは、野人を野蛮人ではなく、人間として理解したいとのジョンの思いであり、両陣営間で人間を救う同盟の成立が可能との望みをジョンに与えてくれたのは、イグリットとの思い出だった。人間が存続するためには、両者はどうしても手を組まねばならない。迫りくる脅威に対処するためには、〈壁〉の両側に住む民族同士が同じ陣営に属すことを理解する必要がある。ジョンにはそれがだれよりもよくわかっていたのである。

野人

　ひとつの大集団として語られることの多い野人——当人たちの自称によれば〝自由の民〟は、じっさいには広範な種族、部族、氏族に分かれている。マンス・レイダーの最大の業績は、〈白き魔物(ホワイト・ウォーカー)〉の脅威から逃げる必要上、〈壁〉の南に侵攻し、安全な避難所を確保できるよう、多数の部族を統合してひとつの大戦力にまとめあげたことにある。しかし、その大戦力が敗北してばらばらになると、部族同士で反目しあうと同時に、隷従の徒(ラー)(〈壁〉の南側の民族に対する野人の呼び名)との対立も余儀なくされる。

　野人の種族や部族は多様をきわめる。マンス・レイダーに近い族長たちとしては、〈がらがら帷子(ラトルシャツ)〉(またの名を〈鎧骨公(ロード・オブ・ボーンズ)〉)がいるし、恐れを知らぬ残虐な戦士集団ゼン族を率いる族長のスターがおり、巨人族のウァン・ウァンもいる。堅牢な家(ハードホーム)には野人の各部族が集まり、〈冥夜の守人(ナイツ・ウオッチ)〉から申し入れのあった同盟を検討したが、ここで指導者的立場に立っていたのは槍の妻(スピアワイフ)(=女戦士)のカルシだ。彼らはみな自由の民だが、部族によって自由の定義はちがう。ゼン族の場合、自由とは好き勝手に略奪する権利のことだが、カルシのように生を謳歌し、〈亡者(ワイト)〉の襲撃を生き延びる自由を求める者もいる。

　野人はいかなる形の君主制もとらず、力関係で指導者を選ぶ。マンス・レイダーの統合軍が〈冥夜の守人〉とスタニス・バラシオンの軍勢に粉砕されたのち、野人の指導者にはマンス・レイダーの戦頭(いくさがしら)のひとり、〈巨人殺し(ジャイアンツベイン)〉のトアマンドが選ばれた。彼はかつての敵と手を組み、〈夜の王(ナイト・キング)〉とその軍勢と戦うことを選ぶ。

　生き残った野人たちは、住み慣れた地を追われ、生き延びるためにさまよいだす。そのさいには死者の軍団を警戒する必要があった。人間を一掃しようとして、〈夜の王〉に〈亡者(ワイト)〉化された友人や親兄弟の死体が襲ってくるからだ。自由の民には、自分たちが何世代にもわたって襲撃してきた〈壁〉の南に住む〝隷従の徒〟のような生き方はできない。だが、ウィンターフェル城の戦いは野人とウェストロス人の運命を結びつけ、存続を賭けて共闘せざるをえなくなる。やがて〈大いなる戦い〉が終わり、〝隷従の徒〟たちが玉座をめぐる戦いを再開すると、トアマンドはウェストロスでの争いを避け、野人を率いて北へ帰る。最終的には、ジョン・スノウもトアマンドのもとに合流し、彼とともに野人を率いて、荒廃した〈壁〉の北の地を復興させ、存続のために力を貸したウェストロスからは独立した、自由な暮らしの再建に力を尽くす。

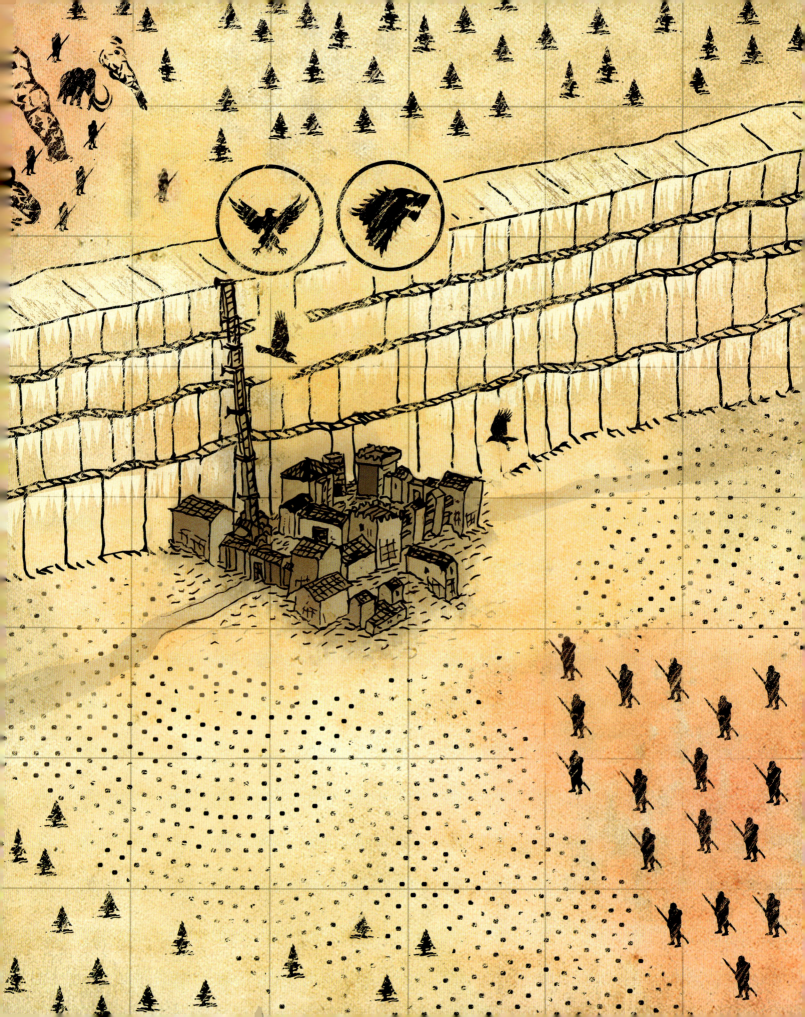

「おれを信じるか、
ジョン・スノウ?」
〈巨人殺し(ジャイアンツベイン)〉のトアマンド

TORMUND GIANTSBANE
〈巨人殺し〉のトアマンド

〈巨人殺し〉のトアマンドが部族の長でいられるのは、"自分の巨軀は巨人のおっぱいを飲んだおかげだ"とするジョークや戦闘能力はもとより、〈白き魔物〉の脅威から部族の者を生き延びさせる能力に長けているからだ。だが、マンス・レイダーが死ぬと、トアマンドは自由の民の将来について、自慢の腕力だけでは解決できない、困難な決断の数々を迫られる。

ジョン・スノウが堅牢な家で野人との共闘を訴えたとき、受け入れられる決定的要素となったのが、ジョンの誠意を保証するトアマンドの証言だった。トアマンドは前々から、ジョンが自分の部族のために尽力し、自由の民の安全を保障するため積極的に活動してきたことを評価していたのである。マンス・レイダーがこの種の同盟を頑として認めなかったのに対し、トアマンドは目前に迫る脅威の深刻さを認識しており、〈冥夜の守人〉とともに積極的に戦う。〈落とし子の戦い〉において命を賭して戦い、海を望む東の物見城の守りにつき、〈亡者〉の一体を王都へ連れていくために〈壁〉の北へ乗りこみ、配下の軍勢を引き連れてウィンターフェル城の戦いに加わったのがその具体例である。

トアマンドが以上のことをしたのは、義務からではなく、自由の民だからだ。トアマンドは自分が信じたことにのみしたがって行動する。タースのブライエニーに言い寄ったことなどはその好例である。ブライエニーを欲するいっぽうで、トアマンドは彼女を戦士としても評価していた。彼女を騎士として最初に抱擁した者のひとりがトアマンドだ。

ウィンターフェル城の戦いのあと、トアマンドはブライエニーにふられたことを受け入れ、北へ帰っていく。ここで北へ帰ることは、彼が自由の民を第一に考えて行動していることをよく表わしている。彼の指導力がなければ、自由の民は生き残れなかっただろう。最後にはジョン・スノウも迎えて、トアマンドは自由の民とともに、〈壁〉の向こうの故郷再建に力を尽くす。

MANCE RAYDER
マンス・レイダー

　マンス・レイダーはふたつの世界にまたがる男だ。野人として生まれ、〈冥夜の守人〉の一員として育てられたマンスは、自分の民族である自由の民のもとへ戻るため、哨士の立場を捨てる。彼がその後、〈壁の向こうの王〉として、相争っていた部族同士に和平を結ばせたのは、地平線の北に膨れあがっていく、より大きな脅威を感じとったからだった。〈白き魔物〉の脅威に最初に気づいた人間のひとりとして、マンス・レイダーは自由の民を率い、〈壁〉の南の安全な地をめざして進軍する。このまぎれもない戦争行為を仕掛けたのは、マンスを含め、だれひとりとして、ふたつの世界同士の戦いを棚上げにし、共通の敵を相手に共闘する準備ができていなかったためである。

　野人社会に潜入していたあいだ、ジョン・スノウはじかにマンスを見る機会を得て、これはカリスマ性のある優れた指導者だと判断した。だが、結局のところ、マンスは野人、ジョンは鴉（野人は〈守人〉をこう呼ぶ）であり、両者のあいだにどれほどの敬意があろうと、何世代にもおよぶ確執で隔てられている。黒の城をめぐる熾烈な攻防戦ののち、マンスはついに、ジョンに対して交換条件を申し出る。野人を〈壁〉の南へ、〈白き魔物〉に襲われる恐れのない安全な地へいかせろ、そうすれば戦いをやめてやる——。だが、時すでに遅く、スタニス・バラシオンの軍勢が到着したことにより、自由の民は降伏し、脅威から逃れるためのマンスの戦いはここに終焉を迎えたのだった。

　敗北を喫したにもかかわらず、マンスはスタニスに屈従することを拒否する。スタニスはマンスを除く自由の民を赦免し、麾下の軍勢に組みこむ旨を申し出るが、マンスは頑として、自分と自由の民がウェスタロスの王になるかもしれない男の下につくことを認めない。自由の民を安全な地へいかせるためには、〈壁〉の南へいく必要があると知りながら、安全と引き替えに自分たちの自由を捨てることを拒む。この雄々しくも無謀きわまりない道を選べば、何千人もの自由の民が死ぬことを承知のうえでだ。ジョン・スノウは、野人に融けこんで暮らしていたときに得た多くの知識から、〈壁〉の南と北の民族を統合させられる可能性はあると見ていたが、マンスは両者の差異があまりにも大きく、自分と野人の自由が脅かされると考えていた。

　自分の民に敬意を払うマンスに対し、ジョンも相応の敬意を払う。スタニスが〈壁の向こうの王〉を杭に縛りつけさせ、焚刑に処すよう命じたにもかかわらず、ジョンが情けの一矢で苦しまずに死なせてやったのはそのためだ。いかなる形の同盟をも拒むマンスの諦観が正しかったことを証明するかのように、〈冥夜の守人〉と自由の民の共闘を画策したジョンは、仲間の裏切りで殺されてしまう。それでも、メリサンドルの力により、死から甦ったジョンは、〈壁〉の北と南の民族融和に努めた。ジョンの成功は、次代の指導者たちが過去の傷を癒せる見こみがあることを示している。

震顫海に面する小さな漁村、堅牢な家にジョン・スノウが赴いたのは、黒の城攻防戦で生き残った自由の民と同盟を結ぶ糸口をつかむためだった。だが、説得に応じた一部の野人を〈壁〉の南の安全地帯へ移動させるため、船に乗せている最中に、〈白き魔物〉と死者の軍団が襲来し、野人を虐殺しだす。人間が本格的に死者の軍団の猛威を目のあたりにしたのはこのときがはじめてである。野人たちはジョンとその一隊とともに逃げようとするが、逃げ遅れた者たちは虐殺され、〈夜の王〉により、〈亡者〉として甦らされる。

THE NIGHT KING
〈夜の王〉

　〈夜の王〉は神秘的で、きわめて危険な存在である。ブラン・スタークはその幻視のひとつで、〈夜の王〉〝誕生〟の瞬間を見る。発端は、ウェスタロスの原住種である〈森の子ら〉と、外部から侵入してきた〈最初の人々〉との相克にあった。〈子ら〉はより強力な防衛者を生みだすため、魔法を用いる。〈最初の人々〉のひとりの心臓にドラゴングラスの短剣を突きたて、この拷問的儀式を通じて、まったく別の存在に変貌させたのだ。その目が青く、爛と輝いたとき、犠牲者は最初の〈白き魔物〉と化した。だが、時がたつにつれて、〈白き魔物〉たちは〈子ら〉を守るのをやめ、〈夜の王〉を筆頭に、すべての生物に対する脅威となっていく。

　〈夜の王〉はひときわ強大な力を持つ。それはおそらく、彼が数千年前、〈子ら〉によって生みだされた最初の〈白き魔物〉だからだろう。〈夜の王〉は触れるだけで人間の赤子を〈白き魔物〉に変貌させ、しぐさひとつで死体を〈亡者〉化できる。堅牢な家でジョン・スノウと遭遇したときも、凍てついた湖でデナーリスとドラゴンたちと対峙したときも、〈夜の王〉はつねに状況を完全に司っていた。しかし、その動機についてはなにもわかっていない。

　〈夜の王〉が南進しだすにおよんで、この疑問はウィンターフェル城を守る者たちを悩ませる。ブランは〈夜の王〉が〈三ツ目の鴉〉を殺し、ウェスタロスの歴史を消し去って、ウェスタロスに〈長い夜〉をもたらし、七王国の存在を一掃したがっていると信じている。デナーリスは、これは誤解だが、ドラゴンの炎がやがて〈夜の王〉を滅ぼすと信じている。ウィンターフェル城の〈神々の森〉で〈夜の王〉がブランに肉迫したとき、ウェスタロスはまさに滅びる瀬戸際にあった。だが、その瞬間に、〈夜の王〉は討たれた。その凶行を止めたのは、ドラゴンではなく、狼だった。ブランの暗殺未遂に使われたヴァリリア鋼の短剣を、アリア・スタークが〈夜の王〉に突きたてたのだ──それも、〈森の子ら〉が何千年も前に〈夜の王〉を創るさい、ドラゴングラスを突きたてたその場所に。〈夜の王〉が滅びると同時に、〈白き魔物〉も、〈亡者〉も、氷のドラゴンも、彼が創ったものはすべてが分解し、記憶の底に消えうせる。だが、〈夜の王〉の謎は解けぬまま残った。〈夜の王〉はたんに破壊の権化だったのだろうか。それとも、ウェスタロスの数々の封建主義勢力をついに結束させるための、虚無的な脅威だったのだろうか。

269

死者の軍団

	ナイト・キング〈夜の王〉	ホワイト・ウォーカー〈白き魔物〉	ワイト〈亡者〉
身体的特徴			
白髪		■	
くすんだ灰色か青の肌	■	■	
青く光る氷のような目	■	■	■
言語をあやつる	■	■	
冠状の角	■		
生者のうちに変貌			
能 力			
知 性	■	■	
死者を〈亡者〉として復活	■	■	
触れて人を〈白き魔物〉化	■		
触れて対象を凍らせる	■		
強化された腕力			
金属製武器を破壊できる			
地震を起こせる		■	
緑視力を感知		■	
炎耐性	■	■	
弱 点			
燃やされた死体は復活不能	■	■	■
炎で殺せる			■
ドラゴングラスで殺せる	?	■	■
ヴァリリア鋼で殺せる		■	■
殺されると配下の〈亡者〉も死ぬ	■	■	
泳げない	?	?	■

バラシオン家

ロバート

スタニス

セリース

レンリー

マージェリー

ジェンドリー

シリーン

ラニスター家

ターガリエン家

 エイリス二世　 レイラ

 エリア・マーテル　 レイガー　 ヴィセーリス　 デナーリス　 ドロゴ

 レイニス　 エイゴン

 ジョン・スノウ

スターク家

リカード

リアナ

ベンジェン

ネッド

キャトリン・タリー

ブランドン

ロブ

タリサ

サンサ

ラムジー・ボルトン

アリア

ブラン

リコン

結 婚

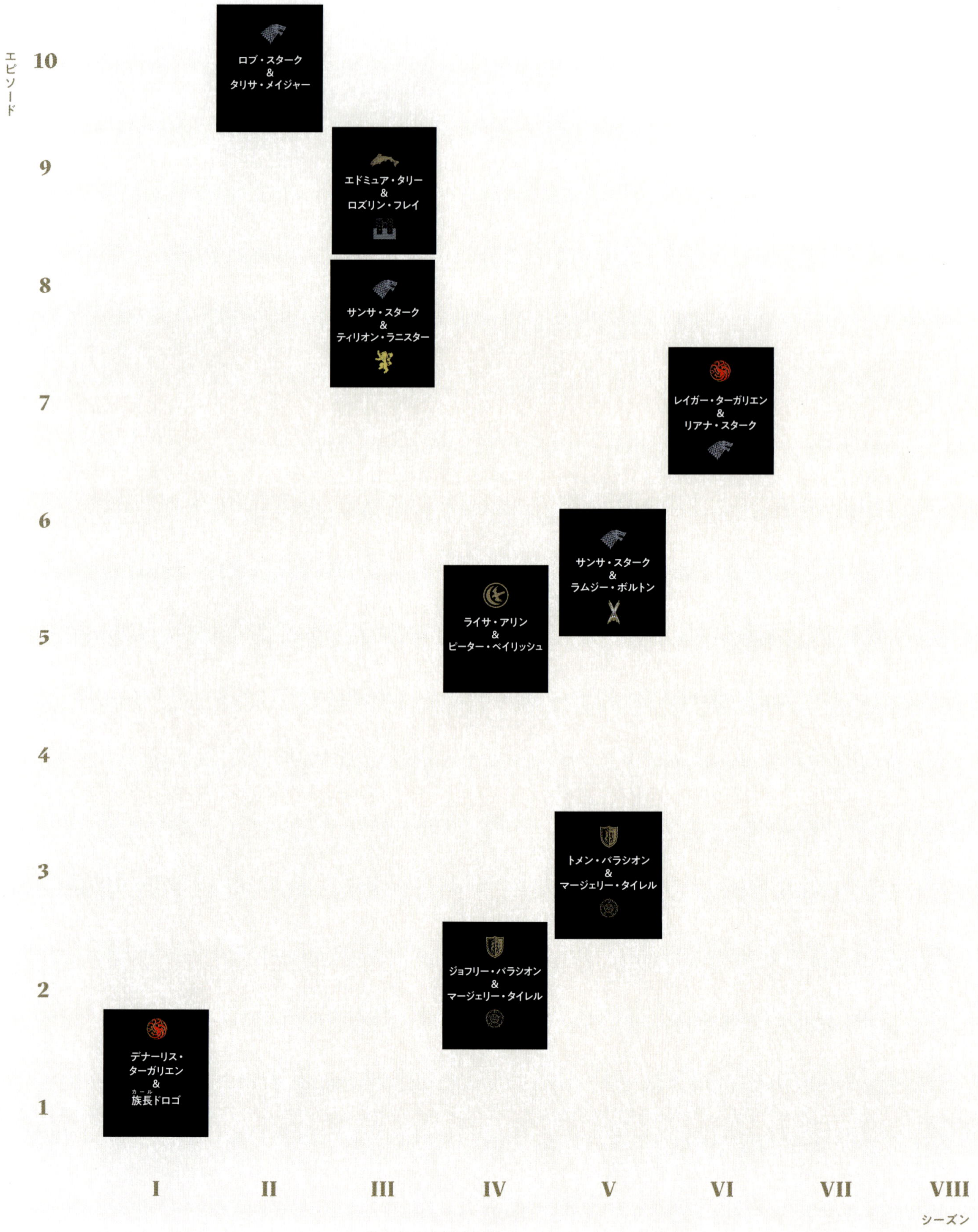

エピソード

10 ロブ・スターク & タリサ・メイジャー
9 エドミュア・タリー & ロズリン・フレイ
8 サンサ・スターク & ティリオン・ラニスター
7 レイガー・ターガリエン & リアナ・スターク
6 サンサ・スターク & ラムジー・ボルトン
5 ライサ・アリン & ピーター・ベイリッシュ
3 トメン・バラシオン & マージェリー・タイレル
2 ジョフリー・バラシオン & マージェリー・タイレル
1 デナーリス・ターガリエン & カール 族長ドロゴ

I　II　III　IV　V　VI　VII　VIII

シーズン

戦い

エピソード

10

9

8

7

6

5

4

3

2

1

緑の支流の戦い
グリーン・フォーク
ラニスター家 対 スターク家

〈ささやきの森〉の戦い
ラニスター家 対 スターク家

ブラックウォーターの戦い
ラニスター家 対 バラシオン家

〈血塗られた婚儀〉
ちぬ
フレイ家 対 スターク家

ユンカイの戦い
ターガリエン家 対 ユンカイ

黒の城の戦い
カースル・ブラック
〈冥夜の守人〉ナイツ・ウォッチ 対 野人

ウィンターフェル城
攻囲
バラシオン家 対 ボルトン家

ダズナクの闘技場
での襲撃
〈ハーピーの息子たち〉
対 ターガリエン家

ミーリーン再攻囲
ターガリエン家
対 奴隷使い連合

〈落とし子の戦い〉
スターク家 対 ボルトン家

要塞ケイリン
陥落
モウト
ボルトン家 対グレイジョイ家

堅牢な家での
虐殺
ハードホーム
自由の民と〈冥夜の守人〉ナイツ・ウォッチ
対〈白き魔物〉ホワイト・ウォーカー

リヴァーラン城
再攻囲
ラニスター家 対 タリー家

東の物見城の戦い
イーストウォッチ
〈冥夜の守人〉ナイツ・ウォッチ、
自由の民、
〈旗印なき兄弟団〉ブラザーフッド
対 死者の軍団

ウィンターフェル城
陥落
グレイジョイ家 対 スターク家

ドレッドフォート城
攻略
グレイジョイ家 対 ボルトン家

凍てついた湖の戦い
生者 対 死者の軍団

最後の戦い
ターガリエン家
対 ラニスター家

クラスターの砦襲撃
とりで
〈冥夜の守人〉ナイツ・ウォッチ
対〈守人〉の反逆者
もりうど

オックスクロスの
戦い
スターク家 対 ラニスター家

ミーリーン蜂起
〈ハーピーの息子たち〉
対 ターガリエン家

戦利品運搬車列
襲撃
ラニスター家
対 ターガリエン家

ハイガーデン城攻略
ラニスター家 対 タイレル家

ウィンターフェル城
〈大いなる戦い〉
生者 対 死者の軍団

キャスタリーの磐城放棄
ロック
ターガリエン家 対 ラニスター家

ユーロン参戦
ユーロン・グレイジョイ
対 グレイジョイ家と
マーテル家

〈最初の人々の拳〉
フイスト
の戦い
〈白き魔物〉ホワイト・ウォーカー
対〈冥夜の守人〉ナイツ・ウォッチ

| | | | | | | | |
| I | II | III | IV | V | VI | VII | VIII |

シーズン

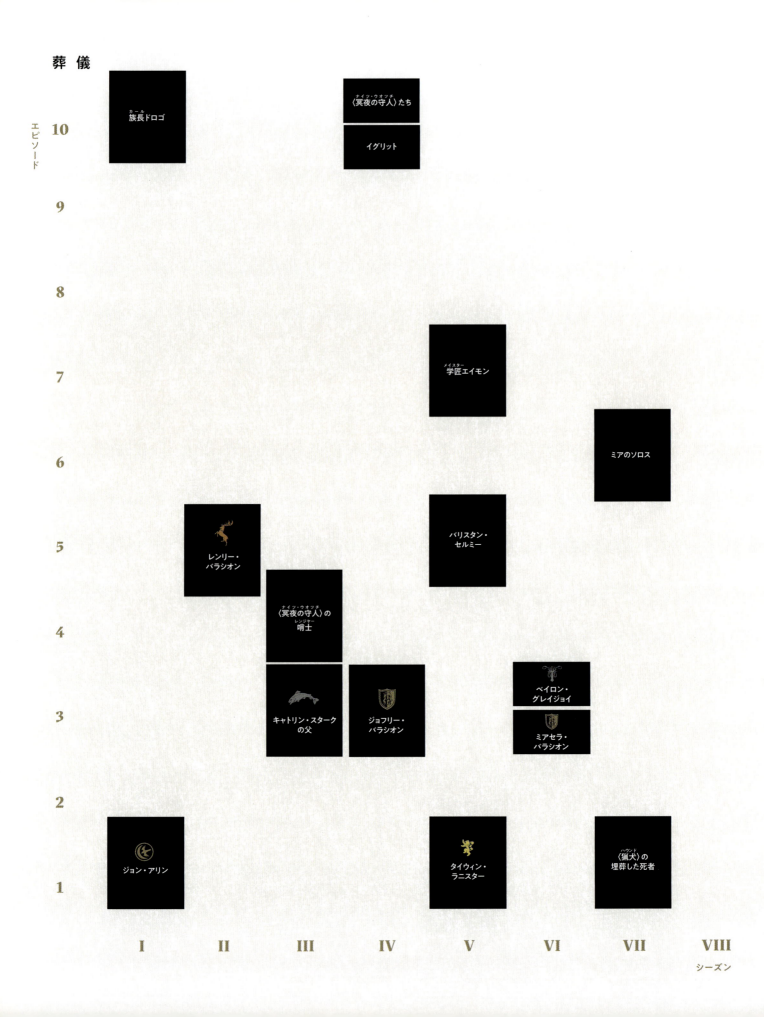

「玉座をめぐるゲームに手を染めれば、勝つか死ぬかよ」

サーセイ・ラニスター

著者紹介
マイルズ・マクナット Myles McNutt
カナダ・ノバスコシア州出身。バージニア州立オールド
・ドミニオン大学シアター＆コミュニケーション学部助
教授。主要なウェブサイトなどに「ゲーム・オブ・スロー
ンズ」のレビュウを寄稿している。

訳者略歴
酒井昭伸 Akinobu Sakai
1956年生まれ。1980年早稲田大学政治経済学部卒、
英米文学翻訳家。訳書『竜との舞踏』『七王国の騎士』
ジョージ・R・R・マーティン、『ジュラシック・パーク』
マイクル・クライトン、〈ハイペリオン〉シリーズ　ダン・
シモンズ（以上、早川書房刊）他多数

監修者略歴
堺　三保 Mitsuyasu Sakai
1963年生まれ。関西大学工学研究科博士課程前期修
了、評論家・脚本家・翻訳家。訳書『ヘルボーイ　妖
蛆召喚』マイク・ミニョーラ、『ワイルド・カード　大い
なる序章』ジョージ・R・R・マーティン編（共訳）、著
書『宇宙貨物船レムナント6』（共著）他多数

ゲーム・オブ・スローンズ
コンプリート・シリーズ 公式ブック
～ウェスタロスとその向こうへ～

2019年12月10日　初版印刷
2019年12月15日　初版発行

著　者　**マイルズ・マクナット**
訳　者　**酒井昭伸**
監修者　**堺　三保**
発行者　**早川　浩**
印刷所　**株式会社精興社**
製本所　**大口製本印刷株式会社**
発行所　**株式会社　早川書房**
　　　　郵便番号　101-0046
　　　　東京都千代田区神田多町2-2
　　　　電話　03-3252-3111
　　　　振替　00160-3-47799
　　　　https://www.hayakawa-online.co.jp

ISBN978-4-15-209900-6 C0074 Printed and bound in Japan
定価はカバーに表示してあります。

乱丁・落丁本は小社制作部宛お送り下さい。
送料小社負担にてお取りかえいたします。
本書のコピー、スキャン、デジタル化等の無断複製は
著作権法上の例外を除き禁じられています。